Inhaltsverzeichnis:

Vorwort

Liebe Leserin, lieber Leser,

seit 1997 beschäftige ich mich mit der Therapie für Paare. Mich fasziniert die Kraft dieses Settings. Da arbeitet ein Mensch an seiner persönlichen Entwicklung genau mit dem Menschen zusammen, der seinen Stärken und Schwächen im Alltag am meisten ausgesetzt ist und diese wahrscheinlich auch am besten kennt. Die Arbeit mit Paaren bringt mehr Wirklichkeit in den symbolischen Therapiealltag. Vieles, was wir zu unserem Glück und unserer seelischen Gesundheit brauchen, kann uns nur unser echter Partner geben – kein anderes Therapiegruppenmitglied und auch kein noch so guter Therapeut. Die Begegnung mit dem *echten* Gegenüber ist Weg und Ziel jeder Paartherapie.

So bin ich fasziniert, freue mich über die Entwicklung der Paare, kämpfe, wenn es nicht vorangeht, schreibe dieses Buch und versuche zu verstehen, was in der Tiefe passiert. Die Arbeit an diesem Buch hat über vier Jahre gedauert, was auch daran liegt, dass mir meine persönliche Entwicklung immer wieder Kurskorrekturen „nahegelegt" hat. Auch musste ich, ich gebe es nur ungern zu, verständlich schreiben lernen – die Interventionen und Übungen aus meiner täglichen Praxis so zu fassen, dass sie durch ein Buch auf den Leser wirken können. Ich danke allen Paaren, die mir mit ihrer Liebe und ihrem Mut geholfen haben, die Grundhaltung und die Übungen herauszuschälen und zu formulieren.

Es ist mein erstes Buch, und ich hätte nicht gedacht, wieviel Zeit und innere Aufmerksamkeit so ein Projekt in Anspruch nimmt. Es hat mir fast immer viel Freude gemacht und geholfen, meine therapeutische Intuition noch besser auf meinem methodischen Fundament zu verankern. Ich bin daran nicht nur als Paartherapeut, sondern auch als Mann meiner Frau und Vater meiner Kinder gewachsen. Da ich selber seit sechzehn Jahren in einer Patchwork-Familie lebe, weiß ich, dass es nicht einfach ist, die Liebe so einzubetten, dass sie wächst, blüht und hält. Ich habe auch erfahren müssen, dass man sich manchmal schweren Herzens und trotz Kindern trennen muss. Und ich weiß, dass es nicht allen beschieden ist, einen Partner zu finden, mit dem sie auf Dauer glücklich werden können. In diesem Sinne bin ich meiner Frau und meinem Schicksal sehr dankbar.

Genauso herzlich möchte ich mich bei meinem guten Freund und Kollegen Martin Bering bedanken, der mir als Lektor immer wieder half, meine Gedanken auch verständlich zu formulieren.

Weiterhin möchte ich mich bei meinen Aus- und Fortbildern, meinen Kollegen und eigenen Therapeuten bedanken. Sie haben mir bei der Entwicklung meiner therapeutischen Identität Rückhalt und Reibungsfläche geboten. Es sind: Christian Gottwald, Hans Krens, Ingo Klimkus, Angela Bätjer, Anne Meinhold, Marie-Luise Langenbach, Heiner Alberti, Ernst Zedler, Halko Weiss, Dirk Revenstorf, Ulrich Clement, Bernd Hobohm, Uta Schlobohm und Wolfgang Hegenbart.

Eine Bemerkung zu meinem Schreibstil: Ich benutze der Lesbarkeit halber meist die männliche Form, meine aber gleichermaßen beide Geschlechter. Daneben ist mir bewusst, dass ich dieses Buch mit meinen zweiundfünfzig Jahren Lebenserfahrung als Mann schreibe.

Ein Stück dieser Lebenserfahrung möchte ich Ihnen hiermit weitergeben.

Weitere Informationen über meine Arbeitsweise, Angebote und Termine finden Sie auf meiner Homepage:

www.paartherapie-berlin.info

Über Ihre Fragen und Anregungen freue ich mich. Schicken Sie mir eine E-Mail unter:

fabian.lenne@me.com

Fabian Lenné 2012

Bitte beachten Sie:

Dieses Buch dient Ihrem persönlichen Wachstum – es ersetzt in keinem Fall die Behandlung einer psychischen Erkrankung.

Wie können Sie dieses Buch für sich nutzen?

Im ersten Teil geht es um meine Intention, die Grenzen und Möglichkeiten des Buches, Paartherapie und Therapeutenwahl.

Unter der Überschrift *Weltbild und Hintergrund* geht es um Ihre Einbettung in Kultur und Geschichte sowie um grundsätzliche Fragen von Bindung, Beziehung und Entwicklung.

In dem Teil *Wie Veränderung entsteht* stelle ich die Grundhaltungen und Methoden vor, die Ihnen bei Ihrer Entwicklung helfen sollen.

Das Kapitel *Im Alltag der Krise* bietet Ihnen eine Sammlung erprobter Interventionen, mit deren Hilfe Sie Ihren Kopf immer wieder über Wasser bekommen können.

Für die *Übungen nach innen* brauchen Sie etwas Zeit und Ruhe mit sich selbst.

Die *Übungen zur Begegnung* sollten Sie mit Ihrem Partner gemeinsam machen.

Durchzogen ist das Buch immer wieder mit *Experimenten.* Dies sind kleine Einladungen für den direkten Kontakt mit Ihrem Partner oder zur Selbsterforschung.

Ich bin mir bewusst, dass ein Buch ganz anders wirkt als das persönliche Gespräch. Liebespaare haben seit vielen tausend Jahren ähnliche Probleme und genauso lange gibt es sinnvolle Antworten und Erklärungen – dem ungeachtet muss jedes Paar zu jeder Zeit seine individuellen Lösungen erarbeiten und die Wege dorthin durchleiden und durchleben. Ich versuche Sie mit diesem Buch anzuregen, in einen inneren Prozess zu gelangen. Ich möchte Sie einladen, langsamer zu werden und Abstand zu Ihren eingefahrenen Sichten zu entwickeln. Es soll ein Raum *in* Ihrem Inneren entstehen, in dem Sie neu sortieren und zusammenfügen können, was noch am falschen Platz oder vielleicht zerbrochen ist. Es soll ein Raum *zwischen* Ihnen entstehen, in dem Sie beginnen können, sich wieder lustvoll zu begegnen.

Lesen Sie, was Sie berührt. Machen Sie die Experimente und Übungen, die Ihnen zusagen. Manches in der Liebe braucht sehr viel Zeit, da legt Ihre Beschäftigung mit diesem Buch vielleicht nur ein Samenkorn. Anderes dagegen ist schon reif und kann mit einer sanften Berührung in Gang gesetzt werden. Finden Sie es heraus.

Experiment:

- Ändert sich etwas in Ihrem Erleben, wenn Sie jetzt lächeln?

Paartherapie und Therapeutenwahl

In der Paartherapie arbeiten Sie mit Ihrem Partner und einem Therapeuten oder Therapeutenpaar gemeinsam. Meist treffen Sie sich über einen Zeitraum von mehreren Monaten alle ein bis zwei Wochen für ein bis zwei Stunden. Ausgehend von Ihren aktuellen Problemen, erforschen Sie dort Hintergründe und Zusammenhänge und versuchen, bessere Wege auszuprobieren. Manche Therapeuten benutzen nur die Sprache, andere gehen durch die ganze Palette der Erlebnismöglichkeiten wie Massagen, Aufstellungen, bioenergetische Übungen, Trance, Tanzen, Trommeln usw. Ich arbeite gerne mit unterschiedlichen Methoden, wobei für mich die Sprache für die Erkenntnis und die psychische Strukturbildung eine zentrale Rolle einnimmt. Die Dinge wollen nicht nur erlebt werden, sie müssen auch benannt werden. Es geht um ein wechselseitiges aufmerksames Durchdringen von Erleben, Benennen, Verstehen, Erkennen, Entschließen und Handeln.

Ein Therapeut bietet Ihnen durch den äußeren Rahmen der Sitzungen Struktur und Halt. Er wirkt regulierend, greift möglicherweise ein, wenn ein Streit zu eskalieren droht, und kann mit einer Hausaufgabe Ihren Blick auf Ihre Paardynamik lenken. Er hilft Ihnen, den Berg an Verletzungen zu sortieren und abzubauen. Durch seine Rolle als Beobachter kann er Ihnen dabei helfen, direkter, aufrechter und ehrlicher zu sich selbst und zu Ihrem Partner zu werden. Er kann Ihnen helfen, hinter Ihre eigenen Muster zu schauen und diese zu entmachten. Er kann neue Sichtweisen einbringen und Ihnen helfen, eine größere emotionale Beweglichkeit zu erlangen, die Sie – aufgrund Ihres Vereinnahmt-Seins – bisher nicht entwickeln konnten. Er kann Sie durch seine Art ermutigen und inspirieren, Ihre eigenen neuen Lösungen zu finden. Das Wichtigste allerdings ist, dass er für Sie beide eine Vertrauensperson darstellt. Dadurch bekommen Sie während Ihrer gemeinsamen Arbeit Ruhe, Halt und einen inneren Raum, in dem Ihr Reifungsprozess stattfinden kann. Sie haben in ihm eine Person, die Ihre Ängste, Wünsche und Sehnsüchte ernst nimmt – eine Person, die auch mit Ihren ungelenken Verhaltensweisen einfühlsam umgehen kann. Sie beginnen dort, alte Kränkungen abzubauen, neue Strukturen zu bilden und auf Ihren gemeinsamen Weg zurückzufinden.

Eine besondere Form ist der Besuch von Paar-Workshops. Dort wird der Paarprozess meist methodenübergreifend angeregt. Paarworkshops wirken über ihre Intensität, bieten aber weniger Raum für individuelle Themen. Die *öffentliche*

Intimität ist auch oft ein Grund (meistens für die Männer), solche Workshops zu meiden. Für mich besteht dabei die Herausforderung, den Workshop so anzupassen, dass er intensiv ist und die Intimität der einzelnen Paare ausreichend gewahrt bleibt. Die Teilnahme an einem Workshop kann Ansporn oder sogar Initialzündung sein, sich grundlegender mit sich und seinem Partner zu beschäftigen. Sollten Sie einen Workshop besuchen, achten Sie auch darauf, dass eine Möglichkeit zur Nachbearbeitung besteht. Manch Heftiges kommt erst ein paar Tage später hoch.

Der Erfolg einer Therapie hängt weniger von der Methode als von der Qualität der Arbeitsbeziehung ab. Ich empfehle Ihnen, den Therapeuten nach Ihrem persönlichen Gefühl und nicht nach der Art und Anzahl seiner Ausbildungen auszusuchen.

Das folgende Vorgehen hat sich bewährt:

- Verabreden Sie einen Termin und vertrauen Sie Ihrem Gefühl!
- Gehen Sie nur wieder hin, wenn Sie beide mit der Wahl wirklich zufrieden sind. Testen Sie noch einen zweiten, wenn Sie unsicher sind.
- Haben Sie einen gefunden, der Ihnen zusagt, fahren Sie lieber etwas weiter und zahlen Sie lieber etwas mehr, als sich mit der zweiten Wahl zufriedenzugeben.
- Sollten Sie während der Therapie Zweifel bekommen, sprechen Sie diese an. Auch in der Paartherapie gilt, was in Ihrer Liebesbeziehung gelten sollte: Machen Sie nichts mit, was Ihnen nicht gefällt!
- Paar*therapie* ist eine Heilbehandlung. Diese können Sie jederzeit kurzfristig beenden. Aktuell ist

Paartherapie in keinem Fall eine Kassenleistung, Sie müssen die Sitzungen selber bezahlen.

- Paar*beratung* oder Paar*coaching* liegen rechtlich anders. Es sind frei auszuhandelnde Dienstleistungen. Wenn Sie sich für zehn Sitzungen verpflichten, kann es sein, dass Sie diese auch zahlen müssen, selbst wenn Sie nach drei Sitzungen merken, dass der Berater nicht zu Ihnen passt.
- Natürlich sagt die rechtliche Form nichts über die Qualität der Beratung oder Therapie aus.

Die Grenzen der Arbeit zu zweit

Es ist wichtig, die Grenzen der Arbeit mit diesem Buch zu erkennen. Es ersetzt in keinem Fall auch nur annähernd die Behandlung einer psychischen Erkrankung. Die Grenzen der Arbeit mit diesem Buch sind erreicht, wenn Sie von dem Stress der Beziehungskrise keinen ausreichenden inneren Abstand mehr halten können. Das merken Sie daran, wenn zu viele der folgen Punkte zutreffen:

- Die Beziehungsprobleme nehmen übermäßig viel Raum im Alltag ein.
- Streits oder Funkstille ziehen sich häufig über mehrere Tage.
- Gespräche drehen sich immer wieder im Kreis.
- Über Wochen ist kein normaler Familienalltag möglich.
- Intime Momente fehlen fast vollständig.
- Der Gedanke an Trennung wird konkret.

- Sie zeigen deutliche Stress-Symptome, wie z. B. Schlafstörungen.

Bei den folgenden Einzelfaktoren reicht meist einer aus:

- Anhaltendes oder wiederholtes Fremdgehen
- Körperliche Auseinandersetzungen
- Totgeburt, Verlust eines Kindes
- Missglückte Kinderwunschbehandlung
- Schwere psychische Probleme eines oder beider Partner.

Gehen Sie dann zu einem Paartherapeuten oder, wenn Ihr Partner dies nicht möchte, beginnen Sie eine Einzeltherapie. Lassen Sie sich Ihr Leben nicht durch Ihre Finger rinnen. Suchen Sie sich Hilfe.

Weltbild und Hintergrund

Es geht in diesem Abschnitt um Ihre Bilder und Wahrheiten, die Sie von der Liebe haben. Ich stelle Ihnen viele Fragen und biete Ihnen neue Sichtweisen und Methoden an. Nehmen Sie sie als Einladung, Ihre innere und äußere Welt genauer zu erkunden und neu zu sortieren.

Experiment:

- Was können Sie im Moment tun, damit es Ihnen noch etwas angenehmer ist? Ein Glas Wasser trinken, das Fenster öffnen, die Füße beim Lesen hochlegen?

Vom Mensch-Sein

Die moderne Art von Zweierbeziehung und Familie, wie Sie sie wahrscheinlich auch ein Stück leben, gibt es erst seit einigen Jahrzehnten. Unsere Eltern und Großeltern sind noch in einer ganz anderen familiären und politischen Welt aufgewachsen. Die Familienverbände waren größer. Der ohnehin knappe Platz in den Wohnungen wurde zudem oft mit den Großeltern geteilt. Die Anzahl der Kinder war höher, ebenso die Kindersterblichkeit. Die Menschen bekamen ihre ersten Kinder viel früher als heute. Jeder hatte schon einen Cousin oder Cousine auf dem Arm gehabt und war im Umgang mit kleinen Kindern geübt. Heute haben viele junge Eltern als erstes Kind im Leben ihr eigenes auf dem Arm. Die Macht der Eltern und Schwiegereltern war größer. Ärzte waren Halbgötter in Weiß. Der Samstag war ein normaler Werk- und Schultag. Die Arbeitszeit betrug 45 - 50 Stunden in der Woche. Die Läden schlossen in der Woche um 18:30 Uhr, am Samstag schon um 13:00 Uhr. Wer vergessen hatte, Milch zu kaufen, hatte keine Milch. 1960 starben doppelt so viele Menschen im Straßenverkehr als 2010. Unsere Eltern hatten möglicherweise noch den Krieg, zumindest aber die Nachkriegszeit erlebt. Ein Onkel von mir war Scharfschütze in Stalingrad und erwachte den Rest seines Lebens einmal in der Woche schreiend aus einem Albtraum. Nach heutigen diagnostischen Kriterien lebte 1955 in Deutschland vermutlich kaum jemand, der nicht noch vom Krieg schwer traumatisiert war. Alle hatten sie zu viel Angst und Leid erlebt oder selbst verursacht. Erst mit der 68er Bewegung und der beginnenden Frauenbewegung wurde im Westen Deutschlands ein ernsthafter Bruch mit den tieferen Resten der Kultur aus NS- und Kaiserzeit begonnen. Im Osten Deutschlands wurde dieser Diskurs von oben verordnet. Die Antibabypille – die im Osten „Wunschkind-Pille" hieß – passte zu den neu entstehenden Vorstellungen dieser Generation. Die wirtschaftliche Unabhängigkeit der Frau wurde zu einer realen Möglichkeit. Bis ca. 1975 brauchte eine verheiratete Frau im Westen noch die Erlaubnis ihres Mannes, wenn sie arbeiten gehen wollte. Einen eigenen Reisepass besaß sie erst seit ca. 1955. Wer 1960 geschiedene Eltern hatte, wurde in der Schule von seinen Klassenkameraden gemieden. Im Westen wurden wir immer reicher, hatten immer mehr Platz in unseren Wohnungen und kauften z. T. alle vier Jahre ein neues Auto. In der DDR bekamen die jungen Paare Kinder, damit ihnen eine eigene Wohnung zugewiesen wurde. Das Jahr 1989 markierte neben dem politischen und wirtschaftlichen Umbruch für viele Menschen auch einen tiefen emotionalen Einschnitt.

Wie haben Sie auf Ihrer Seite der Mauer diese Ereignisse erlebt, und – sofern Sie Bürger der DDR waren – woran genau haben Sie das erste Mal bemerkt, dass die alte Ordnung nicht mehr galt?

Begriffe wie „Lebensabschnittsgefährte“ sind Erfindungen unserer Zeit. Die Klammer „Heiraten - Kinder kriegen - sich gegenseitig versorgen - gemeinsam alt werden“ wurde aufgebrochen. Heiraten ist heute – neben vielen anderen – eine ganz normale Option der Beziehungsgestaltung. Der Akt des Heiratens hat allerdings immer noch eine enorme symbolische Kraft. In fast allen Kulturen der Welt gibt es ein entsprechendes Ritual. Der christliche Heiratsspruch *Bis dass der Tod euch scheide* stammt aus einer Zeit, in der viele Ehen nicht länger als drei Jahre dauerten, weil einer von beiden – oft die Frau bei einer Geburt – starb. Er war also nicht nur ein heute merkwürdig anmutendes, damals auch stark wirtschaftlich und machtpolitisch begründetes Verbot, sich zu trennen, sondern auch ein Memento mori: „Genießt eure gemeinsame Zeit, der Tod wird Euch vielleicht schneller trennen, als Ihr denkt“.

Durchaus keine Erfindung der heutigen Zeit – auch wenn dies gerne behauptet wird – ist das Ideal der romantischen Liebe. Dieses Ideal ist nicht erst mit dem Bürgertum im 19. Jahrhundert entstanden, sondern findet seine Erwähnung bereits in viel früheren Aufzeichnungen über die Liebe wie der Bibel, Ilias und Odyssee und bei Ovid. Liebe hatte und hat immer einen Teil, in dem sie ausschließlich, zeitlos und allumfassend ist.

Paare sind heute in ihrer Lebensgestaltung nicht mehr so stark an traditionelle Bilder gebunden, sie dürfen es sich jetzt selber aussuchen. Allerdings können sie auch nicht auf diese Rollenbilder zurückgreifen, sie *müssen* es sich jetzt selber aussuchen. Viele Paare in meiner Praxis sind hier in einem Zwiespalt gefangen. Die Frauen sind oft gut ausgebildet und haben schon einige Stufen auf ihrer Karriereleiter genommen. Jetzt sind sie zwischen 30 und 40 Jahre alt, und das Kind oder der Kinderwunsch kommt unerbittlich. Sie geraten zwischen das Ideal der unabhängigen Power-Frau und das Ideal der guten Mutter. Für manche von ihnen ist alleine die Vorstellung ein Gräuel, auch nur teilweise finanziell auf ihren Partner angewiesen zu sein. (Ich schlage hier gerne vor, dass der Mann rechtzeitig eine zweite EC-Karte für seine Frau machen lässt, damit beide schon vor der Geburt einmal üben können, wie sich diese finanzielle Vermischung anfühlt.) Sich fallen lassen, vertrauen können, annehmen, fordern, um Hilfe bitten, Hilflosigkeitsgefühle aushalten – alles Qualitäten, die sie wahrscheinlich in der Beziehung noch nicht existenziell üben mussten – drängen sich jetzt auf und wollen innerhalb von neun Monaten integriert werden.

Für den „modernen Mann" ist eine ähnliche *So-hast-du-zu-sein*-Falle entstanden. Er hat den Anspruch an sich selbst, die Familie zu versorgen, Karriere zu machen *und* als Vater und Partner für Kinder und Frau präsent zu sein. Erfolgreich zu arbeiten *und* das kleine Kind bewusst mit viel Zeit zu begleiten, passt nicht gleichzeitig in ein Leben.

Das aktuelle Modell der Kleinfamilie ist für eine Mutter, die/einen Vater, der die meiste Zeit des Tages alleine mit dem kleinen Kind verbringt, oft eine Überforderung. Schon einfache Dinge – mal in Ruhe aufs Klo gehen oder duschen – werden zu einer anstrengenden Verrichtung. Nach meinen Erfahrungen als zeitweise alleinerziehender Vater denke ich, wir Menschen sind nicht dafür geschaffen, kleine Kinder so viel alleine zu betreuen. Die aktuelle Form der Familie führt aber immer wieder genau in diesen Engpass. Zusammen mit unseren Kindern und Enkeln werden wir hoffentlich neue Familienformen finden, um den ewigen menschlichen Grundwiderspruch zwischen Individualität und Verbundenheit, zwischen Dazugehören und persönlicher Entwicklung besser integrieren zu können. Natürlich braucht es dazu auch eine passende gesellschaftliche Einbettung: Frauenquote, Elterngeld, Väterzeit und garantierte Kitaplätze sind meiner Meinung nach Schritte in die richtige Richtung.

Ihre Liebesbeziehung ist also gewachsen aus und auf einer Mischung aus Kultur, Geschichte und Ihrem eigenen menschlichen Sein. Ich lade Sie jetzt ein, innerlich einen Schritt aus Ihrer Kultur herauszutreten. Wahrscheinlich sind Sie durch Ihre Geburt in dieses reiche und friedliche Deutschland gelangt. Wie wäre Ihr Leben, wenn Sie zweitausend Kilometer weiter östlich oder fünftausend Kilometer weiter südlich geboren wären? Oder fünfhundert Jahre früher oder später? Welche Beziehungsprobleme hätten Sie dann? Und welche hätten Sie dann nicht? Im besten Fall ist es ein wenig so, als wenn Sie wie in einer Sommernacht auf einer Wiese liegen und den Sternhimmel betrachten: Das eigene Sein und die eigenen Probleme relativieren sich angesichts der Größe des Universums. Sie treten innerlich zurück aus Ihrem täglichen Klein-Klein. Erstaunlicherweise relativiert sich in solchen Sommernächten meist nur das Unglück, das Glück wird größer.

So ist dieses innere Zurücktreten auch ein zentrales Mittel, die Integrationsaufgaben Ihres eigenen Lebens zu lösen. Sie wollen dies, Ihr Partner will jenes, und das Leben (Kinder, Arbeit, Krankheit, Unfall usw.) will vielleicht noch etwas ganz anderes mit Ihnen. Sie können sich am Ende immer nur für eines entscheiden. Sie können mit diesem Partner nicht jetzt erst einmal zehn Jahre leben und dann noch einmal zurück, um zehn Jahre mit einem anderen Partner ein anderes Leben zu probieren. Wenn Sie jetzt Kinder haben, haben Sie diese in zehn Jahren auch noch. Wenn Sie jetzt keine Kinder haben, können Sie diese in zehn Jahren vielleicht nicht mehr bekommen. Sie haben nur dieses eine Leben, und es findet immer genau jetzt statt.

Experiment:

- Nehmen Sie sich eine Minute Zeit und schneiden Sie alle erdenklichen Grimassen. Reißen Sie Mund und Augen so weit auf, wie Sie können, kneifen Sie Augen und Lippen zusammen, so doll Sie können, halten Sie den Kopf schief usw.

Bindung

Das Bedürfnis und die Fähigkeit, sich zu binden, gehören zu unserer menschlichen Grundausstattung. Wir Menschen sind keine Eisbären, die sich nur alle drei Jahre treffen, um neue Babys zu machen. Wir sind so etwas wie kooperative, teil- selbstbestimmte Herdentiere. Es wäre nichts Besonderes, dreißig Jahre lang als Einsiedler zu leben, wenn es dieses Flüstern, diese Suche nach Gemeinschaft, in uns nicht gäbe. Da wir wahrscheinlich nur wenige genetisch festgelegte Verhaltensweisen haben, tauschen wir mit allen Menschen, denen wir begegnen oder die wir uns nur vorstellen, ständig soziale Signale aus. Wir stimmen unser Verhalten so mit unseren Normen und unsern Mitmenschen ab. Nehmen Sie sich die Zeit und beobachten Sie, wie sehr Sie all Ihre Handlungen und auch Gedanken in einem inneren Dialog mit den echten oder vermuteten Meinungen Ihrer Mitmenschen abgleichen. Wenn Sie entscheiden, welches Kleid Sie morgens aus dem Schrank nehmen oder welches Auto Sie sich kaufen wollen – immer beantworten Sie während dieses Entscheidungsprozesses auch die leise Frage: „Wie wird das auf meinen Mann/meine Frau oder meine Arbeitskollegen wirken?“ Unangenehm zugespitzt finden Sie dieses innere Gespräch in dem Satz unserer Eltern: „Was sollen denn die Nachbarn denken?“

Sie binden sich auf verschiedenen Ebenen: zuerst im Mutterleib mit Ihrer Mutter, dann meist mit dem Vater, den Geschwistern, Spielkameraden, Oma und Opa, Tante und Onkel. Dann folgen Freunde, Erzieher und Lehrer, Ausbilder und Arbeitskollegen. Ihr Partner und Ihre Kinder kommen später hinzu. Die Bindung ist die lange Welle unter diesen Begegnungen. Die Beziehung sind die kleinen Wellen und die großen Stürme über dieser langen Welle. Es ist wie in einem Telefongespräch: Über den Draht sind Sie miteinander verbunden, und die Inhalte, die Sie über diesen Draht austauschen, entsprechen Ihrer Beziehung. Ob Sie sich lieben oder streiten, ob Sie Ihre Herzen öffnen oder sich gegenseitig kränken: Sie tun dies genau mit diesem Menschen, an den Sie sich gebunden haben. Auch in der Krise gehören Sie *zu*einander, können aber nur eingeschränkt *mit*einander. Eine Klientin beschrieb diesen Zwiespalt so: „Meinen Mann möchte ich behalten, aber diese Beziehung möchte ich loswerden.“

Nähe und Distanz sind keine festen Größen. Im Alltag müssen Sie immer wieder die Entfernung austarieren, um Ihre grundlegenden menschlichen Bedürfnisse nach Dazugehören einerseits und Neues-Erleben andererseits erfüllt zu bekommen. Je sicherer die Bindung ist, desto weniger bleibt dies ein Widerspruch. Im besten Fall erleben Sie die Bindung mit Ihrem Partner als etwas Konstantes, Warmes, das Sie in der Tiefe trägt und immer in Ihrem Hintergrund leuchtet. Mit dieser warmen Sicherheit können Sie sich dann in aller Ruhe in Ihr Leben stürzen. Ob dieses Leben nun darin besteht, Intimität und guten Sex zu haben und eine Familie zu gründen oder für ein Jahr in New York zu arbeiten und sich nur über Skype zu sehen, ist dabei nebensächlich. Auf der Basis dieser warmen Verbundenheit werden Sie alle Probleme lösen können, die auf diesen Wegen liegen.

In den 50ern des letzen Jahrhunderts entwickelte der britische Kinderpsychiater John BOWLBY die Bindungstheorie. Sie führt unsere Fähigkeit, im erwachsenen Leben mit Bindung umzugehen, auf unsere frühen Erfahrungen mit unserer primären Pflegeperson, meistens der Mutter, zurück. Die Theorie unterscheidet grundsätzliche Bindungstypen; die zwei wichtigsten sind: *sicher gebunden* und *unsicher gebunden*. Hierbei geht es um die Fähigkeit des Kleinkindes, mit Nähe und Distanz zur Mutter umzugehen. Das sicher gebundene Kind muckert etwas, wenn die Mutter den Raum verlässt, und muckert auch wieder etwas, wenn die Mutter zurückkommt. In der Zwischenzeit kann es sich seinem eigenen Spiel- und Forschungsdrang hingeben. Es weiß, dass die Mutter innerhalb eines aushaltbaren Zeitraumes zurückkommt. Das unsicher gebundene Kind erträgt die Abwesenheit der Mutter nur schwer. Es weint und kann sich seinen anderen Interessen kaum hingeben. Es hat offensichtlich Angst und braucht von der zurückkehrenden Mutter viel Trost.

Versuchen Sie sich vorzustellen, wie diese Babys später als Erwachsene ihre Liebesbeziehungen erleben und gestalten können. Die sicher Gebundenen werden es leichter haben, denn sie können mit Nähe und Distanz gut umgehen. Sie werden sich nicht bedroht fühlen, wenn der Partner angemessen seinen eigenen Interessen nachgeht, und sie werden ihrerseits verbindlich mit ihren eigenen und den Bedürfnissen des Partners umgehen können. Die unsicher Gebundenen werden es schwerer haben. Nicht nur, weil sie mit tiefer Bindung auch Unglück, Unsicherheit und Verlassen-Werden verbinden, sondern auch, weil sie durch den erhöhten Stress in der Kindheit weniger Zeit hatten, soziale Kompetenzen und Verarbeitungsstrategien zu üben. Wer immer mit einem Auge gucken muss, ob die Bezugsperson noch da ist, hat weniger Möglichkeiten, andere wichtige Dinge zu lernen.

Generell geht es in der Kindheit darum, ob wir von unseren Eltern ausreichend gehalten und gefordert wurden. Ob sie mit uns als Baby warm und umsichtig sein konnten, ob sie uns unseren eigenen Rhythmus lassen und uns dennoch sanft in den Rhythmus ihrer Welt einladen konnten. Ob sie selber genug bei sich sein konnten und mit Interesse versucht haben, herauszufinden, wer wir wirklich, wirklich sind. In der frühen Kindheit erfahren wir mit ihnen, ob Bindung für uns Geborgenheit und Versorgtwerden oder Ausgeliefert- und Abhängigsein bedeutet.

Wenn Sie als Erwachsener eine tiefe Bindung eingehen, eine Bindung, die auf Familie, Kinder und Gemeinsam-alt-Werden zielt, dann gestalten Sie diese erst einmal mit Ihren Erfahrungen aus Ihrer Ursprungsfamilie. Dazu gehört auch die unbewusste Erwartung, dass es im Guten wie im Schlechten etwa so sein wird wie damals mit den Eltern. In guten Zeiten werden Sie sich begegnen können, in der Krise sind es dann diese leisen Nebensätze aus Ihrer Kindheit, die immer mehr Gewicht bekommen und sich zwischen Sie und Ihren Partner schieben. Sie hören dann vielleicht leise geflüsterte Sätze, wie: „Augenhöhe gibt es sowieso nicht für mich." – „Das kann ich nicht erwarten." – „Ich werde mich besser nicht wirklich zeigen." – „Das hält mein Partner nicht aus." – „Am Ende bin ich doch alleine und muss alles selber machen."

Es ist leicht vorstellbar, wie sich eine Beziehung verändern wird, wenn solche hintergründigen Stimmen das Miteinander zu sehr beeinflussen. In den Kapiteln *Ihre Eltern*, *Das innere Kind*, *Ein Brief an die Eltern* und *Die „erwachten" Eltern* geht es ausführlich um den Umgang mit diesen bestimmenden Erfahrungen aus Ihrer Kindheit.

Experiment:

- Schließen Sie Ihre Augen, strecken Sie Ihre Arme nach rechts und links aus und zeigen Sie durch den Abstand Ihrer Hände, wie nah oder fern Sie sich im Moment Ihrem Partner fühlen.
- Verändern Sie die Entfernung Ihrer Hände so, dass Sie Ihren Wunschabstand zu Ihrem Partner zeigen.

Ziele oder Was ist eine heile Liebesbeziehung?

Als Einstimmung zu diesem Thema stelle ich Ihnen einige Fragen:

- Haben Sie eine klare Vorstellung, was Sie erreichen wollen?
- Woran würden Sie merken, dass Sie in einer glücklichen Ehe leben?
- Was genau braucht es in Ihrer Beziehung?

- Wie lange wird es dauern, bis Sie es erreicht haben?
- An welcher Stelle hätten Sie die Unterstützung Ihres Partners, an welcher nicht?

Viele Paare können gut beschreiben, was *nicht* klappt. Sie sagen z. B.: „Mein Partner soll sich ändern, dann geht es uns wieder gut!“ Auf meine Frage, wie ihre Liebe sein soll, wenn wir hier erfolgreich gearbeitet haben, antworten viele nur mit dem Wunsch nach der Abwesenheit von Ärger und Unglück.

Was fehlt, ist eine differenzierte Vision vom persönlichen Glück. Genau dazu möchte ich Sie hier anregen – Ihr eigenes Bild zu entwickeln. Alleine die Beschäftigung mit der Idee vom Glück wird Sie ein Stück dafür öffnen. Was gehört für Sie zu einer glücklichen Liebesbeziehung?

Nehmen Sie folgende Ideen als Anregung. Lassen Sie sich Zeit, atmen Sie durch, richten Sie sich auf und lauschen Sie beim Lesen auf Ihre inneren Antworten:

> Geborgenheit – Gelassenheit – Neues – Altes – Intensität – Körper – Vertrauen – Ruhe – Platz – Verliebtheit – bei sich sein – tiefe Blicke – Ziele – Verschmelzen – Herz – Sinn – Unterschied – Kinder – keine Kinder – klare Worte – Würde – gemeinsame Geschichte – Abenteuer – Treue – Sex – Geheimnisse – Verbundenheit – Geist – Geld – Augenhöhe – Langeweile – Ausdauer – Streit – für den Anderen da sein – Gleichklang – Intimität – Respekt

Experiment:

- Schreiben Sie Ihre drei wichtigsten Begriffe auf ein Kärtchen und hängen Sie dieses sichtbar an den Kühlschrank.

Liebe ist etwas, was *mit* und *zwischen* zwei Menschen in einem Beziehungsraum stattfindet. Eine glückliche Liebesbeziehung braucht einen ausreichend großen und stabilen Entwicklungsraum. Allen möglichen Polen, Ideen und Wünschen muss sichere Bewegungsfreiheit zur Verfügung stehen. Stellen Sie sich einen großen Raum vor. Die Größe dieses Raumes und die Art seiner Grenzen bestimmen Sie gemeinsam. Irgendwo links hinten steht zum Beispiel die Ruhe, vorne oben die Intensität, rechts im Vordergrund die Begegnung, rechts im Hintergrund der Sex usw. All diese Elemente verändern ihre Positionen im Raum und ihr Verhältnis zueinander. Mal ist die Ruhe vorne. Mal ist es der Sex, mal die Kinder. Die Sehnsucht begegnet der Erfüllung – oder verfehlt sie knapp. Die Intensität wechselt die Farbe und wird zum Hintergrund. Die Langeweile und der Ärger wandern wie eine Laufschrift immer wieder am unteren Rand entlang. Auch von außen kommen ständig neue Einflüsse dazu. Es wird hell, es wird wieder dunkel. Es kommen Kinder. Der Beruf verändert sich. Ein Außenstehender wird sexuell ungemein attraktiv. Die Kinder gehen wieder. Die eigenen Eltern werden alt und sterben. Das Meiste ist beweglich. Die einzelnen Anteile verändern nicht nur ihre Beziehung zueinander, sondern unterliegen selbst einem ständigen Wandel. Die Art Ihres sexuellen Begehrens ist nicht mehr dieselbe wie am Anfang Ihres Verliebtseins. Die Qualität Ihrer Intimität wird sich verändert haben.

Dahinter findet eine langsame, tragende Begegnung statt, eine Begegnung, die mit jedem gemeinsam verbrachten Jahr und jedem gemeinsam erlebten Abenteuer ein Stück tiefer, reifer und umfassender werden kann. Es gibt schnelle Bewegungen, eher an der Oberfläche, und langsame, die kontinuierlich in der Tiefe den Rhythmus und die Grundfärbung Ihrer Liebe verändern. Leider vertragen sich nicht immer alle Wünsche und alle Möglichkeiten miteinander. Entscheidend für Ihre Entwicklung ist jetzt, ob Sie an den Stellen, an denen es nicht passt, ausreichend Spielraum schaffen können. Spielraum heißt hier, die Unterschiedlichkeit zu ertragen, ohne die Verbundenheit in Frage zu stellen.

Hier einige Fragen. Wie immer, meine Empfehlung dazu: Lehnen Sie sich zurück, lesen Sie langsam, atmen Sie durch und lauschen Sie auf Ihre inneren Antworten.

- In welchen Bereichen haben Sie diesen Spielraum (Erziehung, Sex, Nähe und Distanz, Beruf)?
- Gibt es Bereiche, in denen er Ihnen gänzlich fehlt (Eigenständigkeit innerhalb der Liebe, Eifersucht)?
- Wie stellen Sie diesen Spielraum her, und wie erweitern Sie ihn?

Welche Eigenschaften in Ihrer Innenwelt nutzen Sie dafür?

Eigenverantwortung – Selbstvertrauen – Vertrauen – Selbstwahrnehmung – Grenzen – Ruhe – Handlungsfähigkeit – Frustrationstoleranz – Selbstliebe – Liebe – Selbstwert – Aggression – Wertschätzung – Selbstannahme – Zeit – Kommunikationsfähigkeit – Spaß – Herzlichkeit – Unsinn – Abstand

Nach dem ersten Verliebtsein, im Alltag und mit Kindern ist es sinnvoll, wenn Sie immer wieder innehalten und sich auf Ihre Wünsche und Bedürfnisse besinnen. Verbringen Sie Zeit mit sich selbst, gehen Sie spazieren, oder setzen Sie sich an einen See.

- Stellen Sie sich die folgende Frage: Welche Wünsche und Phantasien hatten Sie zu Beginn oder vor dieser Beziehung?
- Fragen Sie einen alten Freund, ob dieser von außen sehen kann, welche Wünsche Sie vernachlässigen oder schon ganz aufgegeben haben.

Hier wieder ein Block mit Anregungen. Richten Sie sich auf, gestatten Sie sich Ihre Wünsche:

> Anderer Beruf – einmal um die Welt reisen – mehr Sex – tiefere Gespräche – mehr mit Freunden unternehmen – anderer Sex – mehr tanzen gehen – mehr Vertrauen – mehr Lebensfreude – finanzielle Sicherheit – mehr Zeit mit sich alleine – ausschlafen – einmal den New-York-Marathon mitlaufen – eine beste Freundin haben – in einer anderen Stadt leben – einen besten Freund haben – mehr tiefe Verbundenheit – Bergwandern – weniger Einsamkeit – weniger eingeschränkt sein – auch mal bestimmen dürfen – eine stützende Hand im Rücken spüren – nie mehr alleine sein – Kinder haben – keine Kinder haben

Sie werden feststellen, dass der eine oder andere Ihrer Wünsche noch nicht erfüllt ist. Schreiben Sie diese auf. Versuchen Sie, diese Wünsche in Ihre Ehe einzubringen. Passend dazu ist die Übung: *Was Sie alles noch in diesem Leben machen wollen.*

Experiment:

- Teilen Sie heute noch Ihrem Partner zwei Ihrer alten, noch unerfüllten Wünsche mit.
- Unterscheiden Sie zwischen einem Wunsch, zu dessen Erfüllung Sie Ihren Partner brauchen, und einem Wunsch, dessen Erfüllung in Ihrer eigenen Hand liegt.

Wenn Sie eine Liebesbeziehung eingehen, betreten Sie immer Neuland. Mit diesem Partner haben Sie es so noch nicht versucht. Sie wissen noch nicht, was auf Sie zukommen wird und welche Entwicklungsschritte Sie gehen werden. Die Liebe mit diesem Partner glücklich zu gestalten, lernen Sie erst, während Sie es tun. Auf Ihrer Suche nach der *ausreichend guten* Liebesbeziehung werden Sie Abenteuer bestehen, unangenehme Dinge angehen und manchen Stein wälzen. Es wird eine Suche und ein Umbau zwischen dunkler Hölle und wunderbarer Gebirgswanderung. Ihr Partner wird Ihnen dabei, allen Ihren Ängsten zum Trotz, immer näher und vertrauter werden können. Und er wird Ihnen an Stellen helfen können, an denen Ihnen sonst niemand helfen kann. Der Mensch, der Sie hinter allen Masken und Mustern sind, wird sein Leben immer mehr selber erleben und auch selber bestimmen. Die eigentliche Veränderung werden Sie jeweils nur ganz alleine, in und mit sich selbst schaffen. Sie können sich ändern, Ihren Partner können Sie dazu nur einladen.

Erlauben Sie sich, sich Ihren Körper und Ihr Leben so vorzustellen, wie diese dann sein werden:

- Wie wird Ihre Atmung sein, wenn Sie miteinander glücklich sind?
- Wie wird sich Ihre Art zu denken verändern?
- Wie wird sich Ihr Herz anfühlen?
- Wie Ihr Bauch?
- Was wird Ihr Lieblingsessen sein?
- Wie wird Ihre Sexualität sein?
- Wie werden Ihre Füße auf dem Boden stehen?
- Was wird an Ihrem Partner anders sein?
- Wie werden Ihre Kinder darauf reagieren?
- Was wird sich in Ihrem Beruf ändern?
- Wie wird Ihr Freundeskreis sein?
- Wird es auch etwas geben, das Ihnen dann unangenehmer sein wird? Was müssen Sie für Ihr Glück aufgeben?

Die Antwort auf die letzte Frage hilft Ihnen zu verstehen, warum Sie bestimmte Veränderungen bisher noch nicht angegangen sind. Ihre Wünsche werden sich im Laufe Ihrer Entwicklung verändern. Sie werden präziser werden. Und Sie werden lernen, zwischen Unverzichtbarem und eigentlich Nebensächlichem zu unterscheiden.

Experiment:

- Stellen Sie sich vor, Ihr Partner könnte in Sie hinein und dort für einen Tag die Steuerung übernehmen. Was würde er verändern, damit sich Ihre Beziehungskrise ein Stück löst?

Sexualität und Seitensprung

Die Sexualität ist das freie Radikal in der Liebe. Sie huscht immer wieder vorbei an allen Normen und angedrohten Strafen. Sexualität ist eine Kraft aus unserem Inneren, vergleichbar mit dem Bedürfnis zu atmen, zu essen und zu trinken. Sie treibt uns an. Sie kann eine exklusive Verabredung zwischen zwei Partnern sein, aber die Tatsache, dass ca. fünf bis zehn Prozent der Kinder in Deutschland „Kuckuckskinder" sind, zeigt, dass sie sich eine deutliche Grauzone erhält. Liebe will in ihrem Überschwang Ewigkeit, und Liebe will Treue. Beides bekommt sie nur selten ganz.

Immer wieder haben Menschen den Wunsch, Liebe und Sexualität frei von Besitzgefühl und Eifersucht zu gestalten, wie z. B. derzeit die Bewegung der Polyamorie. In den 1960ern war es die Bewegung der freien Liebe. In meiner Familie wird heute noch von meiner Großmutter erzählt, die schon vor fast hundert Jahren in ihrer Landkommune nackt um den Lindenbaum tanzte. Es scheint also für einige Menschen durchaus möglich, in bestimmten Lebensphasen Liebe und Sexualität nicht auf *einen* Menschen konzentrieren zu müssen.

In fast allen Kulturen ist Fremdgehen und die dazugehörige Eifersucht ein ernstes Problem. Es findet überall statt, und es tut überall weh. Jede Gesellschaft hat ihre eigenen, oft hilflosen Wege, damit umzugehen. Diese Hilflosigkeit zeigt sich in der bei uns gängigen „aufgeklärten" Toleranz ebenso wie in den öffentlichen Steinigungen von Ehebrechern im Iran und in Saudi-Arabien.

Die Frage der sexuellen Treue ist einer der großen Widersprüche in unserm Leben. Das Interesse am Seitensprung lässt mit zunehmendem Alter nach und ist bei denen, die in jungen Jahren ausreichende sexuelle Erfahrungen gesammelt haben, insgesamt weniger ausgeprägt. Gemeinsam ist den meisten Seitensprüngen, dass sie scheinbar wie aus heiterem Himmel über eine Beziehung hereinbrechen.

Der Anspruch auf sexuelle Exklusivität ist durchtränkt von gesellschaftlichen Normen, ökonomischen Bedingungen und archaisch-triebhaftem inneren Flüstern. Sex ist eine Tür zu wirklich tiefer persönlicher Begegnung und Verbundenheit, kann aber auch als Währung benutzt werden. Sexualität und Körperkontakt können Bindung entstehen lassen. Liebe führt meist zu Sexualität, und Sexualität bestärkt meist die Liebe. So bedroht Sex mit einem Dritten die dyadische Beziehung in einem ihrer wirklich wichtigen Zentren. Allerdings ist der Seitensprung oft das Ergebnis einer schon in Schieflage geratenen Beziehung und nicht die Ursache. Diese Schieflage haben beide Partner aktiv mitgestaltet. Dies anzuerkennen, fällt vor allem den Betrogenen häufig schwer, würden sie damit doch womöglich die Untreue des Partners nachträglich legitimieren. Für den Akt des Seitensprungs aber ist allein der Seitenspringer verantwortlich. Niemand hat ihn zu dem Versuch gezwungen, sein Beziehungsproblem auf diese Weise zu lösen. In der Aufarbeitung eines Seitensprungs ist es wichtig, dass der „Betrogene" seinen Anteil anerkennt und dass der „Betrüger" klar die Verantwortung für seine Handlung übernimmt. Die klassische

Aussage: „Wenn du mit mir keinen Sex machst, muss ich ja zu einer anderen gehen!" ist verständlich, aber ungeeignet, eine Brücke zu bauen. Beide Partner müssen sich die Frage stellen, was sie jeweils dazu beigetragen haben, dass solch eine – wahrscheinlich nicht nur sexuelle – Enge in ihrer Beziehung entstanden ist. Und beide Partner müssen die Verantwortung dafür übernehmen, dass sich ihre Liebesbeziehung entsprechend verändert.

Sie finden im weiteren Verlauf des Buches viele Übungen, mit deren Hilfe Sie diese grundlegenden Fragen suchen und beantworten können. In der Übung *Kränkung und Verzeihen* finden Sie eine Anleitung, behutsam mit der Qual eines Seitensprungs umzugehen.

Experiment:

- Machen Sie bei Ihrer nächsten sexuellen Begegnung heimlich eine Kleinigkeit mehr so, wie Sie das möchten.

Trennung

Viele Paare kommen zu mir, um ihre Beziehung zu retten. Bei zwei von zehn Paaren ist dies nicht möglich. Oft beginnt das Ende einer Beziehung mit einem leisen Zweifeln und einer unbestimmten Sehnsucht. Das Herz beginnt sich abzuwenden, weil es innerhalb der Beziehung nicht genügend Geborgenheit und Respekt erfährt. Die Versuche, dies zu ändern, scheitern zu oft. Gehen oder Bleiben wird immer mehr zu einer Frage von Selbstachtung und Würde. Bei diesen Paaren ist eine Trennungsbegleitung angebracht. Die Gründe, die zur Trennung führten, werden gesucht, angesprochen und so weit wie möglich aufgearbeitet. Bei zu viel Verletzung und zu wenig Hoffnung bedarf es einer Moderation, in der diese Themen sensibel angestoßen und gehalten werden können. Diese Trennungsbegleitungen laufen in meiner Praxis im Schnitt über vier bis fünfzehn Sitzungen. Es wird dort viel gestritten, geweint und auch verziehen. Da es nun *um nichts mehr geht*, können die Ex-Partner die Masken oft schneller fallen lassen. Die Kränkungen heilen leichter, wenn man weiß, dass sie tragische Nebenprodukte sind und nicht aus wirklich böser Absicht zugefügt wurden. Besonders für Paare mit Kindern ist eine gelungene Trennung ein Wert, für den es sich zu kämpfen lohnt.

Trennen oder nicht, ist immer eine schwere Frage. Die Zeit des Zwiespaltes ist schwer zu ertragen. Es ist eine Zeit, in der Sie es in Ihrer Seele aushalten müssen, nicht zu wissen, was Sie wirklich, wirklich wollen – nicht zu wissen, ob Sie frei sind oder noch gebunden. Es ist schwer, diese innere Position zu finden, aus der heraus Sie warten können, bis *es* innerlich „durch" ist. Ihr bewusstes Denken ist hilflos. Sie erleben sich hilflos.

Wenn Sie noch jünger sind oder erst kurze Zeit zusammen waren, werden Sie sich wahrscheinlich schneller trennen. Es ging nicht so tief, und das Leben bietet noch viele andere – vielleicht passendere – Partner. Wenn Sie länger zusammen waren – vielleicht kleine Kinder haben –, empfehle ich, sich für diese Entscheidung ausreichend Zeit zu nehmen. Wenn Ihr Partner der falsche ist, ist er das in einem halben Jahr auch noch.

Gehen Sie erst, wenn Sie das Gefühl haben, wirklich alle Fragen gestellt zu haben. Gehen Sie erst, wenn Sie das sichere Gefühl haben, dass Sie in dieser Beziehung – mit allen nötigen Kompromissen – nicht Ihr Lebensglück finden können und finden werden. Aber dann: Gehen Sie!

Wie Veränderung entsteht

In diesem Teil des Buches will ich Ihnen zuerst die grundlegenden Elemente vermitteln, auf denen ich meine Arbeit mit Paaren aufbaue. Sie sind nicht durch wissenschaftliche Recherche entstanden, sondern in der Praxis, auf der Suche nach den Wirkfaktoren meiner Arbeit. Ich beschreibe diese Elemente, weil sie als Fundament für Ihren gesamten Entwicklungsprozess bedeutsam sind.

Es sind:

- *Achtsamkeit.* Sie vermittelt eine einladend-akzeptierende Sicht auf die Welt und Ihre Innenwelt.
- *Wesensnähe und Sinnhaftigkeit.* Sie gibt Ihnen den Kompass für alle Intimität.
- *Kommunikation.* Sie ist das Mittel, Verbindung herzustellen – sowohl nach außen als auch nach innen.
- *Eigenverantwortung.* Sie ist die Grundlage Ihrer erwachsenen Selbstbestimmung.
- *Körperbezug.* Er ist eine tiefe Heimat für Sie in dieser Welt.

Achtsamkeit, Eigenverantwortung, Wesensnähe und Sinnhaftigkeit sind eher Grundhaltungen dem Leben gegenüber. Kommunikation hat eher technische Aspekte, und der Körperbezug ist eine eigenständige Kategorie unseres Lebens. All diese Qualitäten unterstützen sich gegenseitig. Ihr Zusammenspiel sorgt dafür, dass sich Ihre inneren Zahnräder weiterdrehen.

Ich lade Sie ein, sich mithilfe dieser Grundqualitäten sich selbst, Ihrem Partner und Ihrer Beziehung zu nähern. Die einzelnen methodischen Elemente dazu sind: Selbsterforschung, Vergangenheitsbezug, Beziehungserforschung, Kommunikationstechniken, Miteinander-Üben, Eigenständigkeit-Fördern und Körperwahrnehmung. Die einzelnen Übungen und Anregungen wirken umso besser, je mehr Sie diese mit Blick auf die Grundqualitäten angehen.

Die Sprache und die Bilder des Buches sollen Ihnen helfen, Wege aus Ihren Problem-Trancen zu finden. Ich biete Ihnen dafür meine Worte als eine Art innerer Gesprächspartner an. Ein Gesprächspartner, der es gut mit Ihnen meint, Sie aber immer wieder mit Ihren kleinen Fluchten konfrontiert und Sie einlädt innezuhalten. Sie schwimmen mit meiner Hilfe ein Stück hinaus in die unbekannten Tiefen Ihrer Seele. Sie lauschen auf das leise Flüstern Ihrer alten Erfahrungen und Ihrer tieferen Bedürfnisse. Sie kommen in einen Zustand, in dem Sie neue Erfahrungen machen und Ihr Handeln verändern können.

Meine Art zu denken und zu fühlen steht Ihnen durch das Buch als Blaupause zu Verfügung. Nehmen Sie davon, was gut zu Ihnen passt. Bedenken Sie, dass meine Erfahrungen und Erkenntnisse nur zum Teil für Ihr Leben stimmen. Die Verantwortung für das, was Sie übernehmen, tragen – wie immer – Sie selbst.

Während des Lesens sollen Sie Lust bekommen, Ihre Beziehung zu gestalten. Die kleinen Fortschritte sollen Sie anspornen, stimmigere Antworten auf Ihre Beziehungsfragen zu finden. Jedes Mal, wenn Sie es schaffen, sich nicht mehr in eingefahrenen Mustern zu verlieren, wird Ihr handelndes Ich ein wenig wachsen. Ihr stärkeres Ich wird mutiger, neue Wege zu beschreiten. Eine Art „Engelskreis“ wird in Gang gesetzt.

Sie werden in Ihrer Beziehung immer besser unterscheiden können, ob Sie sich von alten Erfahrungen leiten lassen oder von einem Gefühl, das zu der aktuellen Situation passt.

Ihre alten Erfahrungen – z. B. allein zu sein, nicht gehört und ernst genommen zu werden oder sich unterordnen zu müssen – brauchen Ihre Beachtung und annehmende Zuwendung, damit sie wirklich Vergangenheit werden können. Im Alltag mit Ihrem Partner jedoch sollten sie ihre Macht möglichst schnell verlieren.

Experiment:

- Was passiert in Ihnen, wenn Sie an den ersten Kuss mit Ihrem Partner denken?

Achtsamkeit

Achtsamkeit ist eine besondere Art, sich seinem Selbst, seiner Beziehung und seinem Sein in der Welt anzunähern. Mit Achtsamkeit gelangen Sie einfach und unmittelbar in Ihre Gegenwart. Nur hier können Sie etwas verändern, denn Ihre Vergangenheit ist schon vorbei, und Ihre Zukunft gibt es noch nicht.

Experiment:

- Nehmen Sie sich etwas Zeit und versuchen Sie einmal Ihre Nasenspitze wahrzunehmen, *ohne* sie vorher zu berühren.

Achtsamkeit ist eine Geisteshaltung, die gern der fernöstlichen Kultur zugeschrieben wird. Besinnen, innere Einkehr oder Kontemplation sind entsprechende abendländische Bezeichnungen. *Zu sich finden, bei sich sein* oder auch *behutsam sein* sind passende Wendungen aus der Alltagssprache. Ihr Prinzip der neutral-wohlwollenden Selbstbeobachtung finden Sie – wenn auch der Alltagserfahrung etwas entrückt – schon bei Kant und Goethe. Achtsamkeit ist eine in uns Menschen angelegte Fähigkeit, die wir kultivieren können.

Wenn Sie die Augen schließen und in sich lauschen, werden Sie bemerken, dass Ihr Vorbewusstes Ihnen unaufhörlich, wie aus einer gut gefüllten Vorratskammer, Gedankenfäden anbietet. Mit seiner leisen Stimme plappert es in Ihrem Kopf. Jeder dieser Gedanken ist eine Einladung Ihres Vorbewussten, Ihre Aufmerksamkeit auf etwas Bestimmtes zu richten. Es können äußere Eindrücke sein – z. B. ein Geräusch – oder Erinnerungen, innere Bilder, Gefühle oder ein Zwicken in der Schulter. Die Dinge, die Sie heute noch erledigen wollen, werden Ihnen genauso angeboten wie Stimmungslagen, Kindheitserinnerungen und Handlungsanleitungen. Auch Deutungen und Erklärungen für das, was Sie erleben, sowie die entsprechenden Reaktionsmuster werden dort für Ihr handelndes Ich bereitgestellt. Ihr Vorbewusstes ist eine Art innerer Taktgeber, Terminkalender, Moralapostel, Lustmolch und ein manchmal ebenso kluger wie gefühlvoller Ratgeber. Normalerweise werden Sie mit vielen dieser inneren Impulse einfach verschmelzen. Sie werden mit dem angebotenen Gefühl, Erleben oder Handlungsablauf eins werden und sich so durch Ihren Tag bewegen. Im Moment sind Sie wahrscheinlich damit identifiziert, Leser dieses Buches zu sein.

Experiment:

Gehen Sie in Gedanken zu dem Augenblick zurück, als Sie heute dieses Buch zur Hand genommen haben.

- Hatten Sie vor, dieses Buch heute zu lesen?
- Oder sind Sie zufällig an diesem Buch hängengeblieben?

Bei der Achtsamkeit geht es um Ihre Fähigkeit, diese Folge von inneren Angeboten und Ihren Umgang damit aus einer gewissen Distanz zu beobachten. Sie sind dann gleichzeitig Beobachter und beobachtetes Objekt. Achtsamkeit ist wenig mehr, als innerlich einen Schritt zurückzutreten und wohlwollend zu bemerken, welche Möglichkeiten Ihr Vorbewusstes Ihnen im Moment anbietet. Sie beginnen festzustellen, dass Sie diese Gedanken und Gefühle nicht *sind*, sondern diese nur in Ihrem inneren Angebot haben. Wenn Sie wollen, könnten Sie sich einem dieser Gedanken oder Gefühle hingeben. Wenn Sie *wollen*.

In diesem Moment zwischen dem Bemerken des Angebots und Ihrer Reaktion könnten Sie ein Türchen zu Ihrem eigenen freien Willen erblicken.

Wikipedia definiert Achtsamkeit so:

> Mit Achtsamkeit [...] ist diejenige geistige Einstellung gemeint, in der man sich um ein breites und gleichmütig-akzeptierendes Achtgeben auf alle Phänomene bemüht, die „im Geist“, also in der Wahrnehmung oder Vorstellung (im Bewusstsein) auftauchen: Gedanken aller Art, wie Erinnerungen oder sonstige Vorstellungen, Sinneswahrnehmungen aus der Um-

gebung sowie aus dem eigenen Körperinneren einschließlich aller emotionalen Vorgänge.

Neben dieser Erklärung habe ich für Sie einige Ideen über Achtsamkeit in einem Gedicht zusammengestellt. Dieses Gedicht ist assoziativ, es verlangsamt und vernetzt Ihre Gedanken. Sie springen von Teil zu Teil, von Ansicht zu Ansicht, von Assoziation zu Assoziation. Hier ahnen Sie eine neue innere Sicht, die es Ihnen erlaubt, gleichzeitig die Details *und* das Ganze zu erfassen. Damit kommen Sie dem Erleben von Achtsamkeit ein Stück näher.

Achtsam sein, umsichtig sein. Nicht eingleisig sein. Im besten Sinne neben sich stehen. Einerseits – andererseits. Die eigene Reaktion wohlwollend beobachten. Sowohl als auch. Ich bin du. Du bist ich. Ich bin ich. Du bist du. Ich beobachte mich beim Mich-Beobachten. Ich erlaube mir, dass alles, was in mir ist, auch zu mir gehört. Ich merke, wie ich Teile von mir ablehne. Ich bemerke, wie ich dieses Ablehnen ablehne.

So ist es.

Ich bemerke, wie ich mich mag. Ich freue mich, dass ich mich mag. Ich bemerke, wie ich mich darüber freue, dass ich mich mag. Ich bemerke, wie ich meinen Partner verurteile. Ich bemerke, dass mir das peinlich ist. Ich bemerke, wie ich mich über meinen Partner freue. Ich bemerke, wie mich das erfreut.

So ist es.

Ich erlaube mir, eine kleine Pause zwischen Wahrnehmen und Reaktion einzufügen. Ich bemerke, dass ich mir erlaube, diese kleine Pause einzufügen. Ich bemerke, dass mir diese Pause erlaubt, meinem Partner anders zu begegnen. Ich bemerke, dass ich verschiedene Handlungsmöglichkeiten habe. Ich bemerke, dass ich mich nach Kriterien entscheide. Ich bemerke, nach welchen Kriterien ich mich entscheide. Ich glaube nicht mehr alles, was ich denke.

So ist es.

Ich bemerke, dass ich moralische Ansprüche habe. Ich bemerke, dass ich meinen eigenen moralischen Ansprüchen nicht gerecht werde. Ich bemerke, dass ich meinen eigenen moralischen Ansprüchen gerecht werde. Ich bemerke, dass ich dies bemerke. Ich bemerke, dass ich nicht die ganze Wahrheit sage. Ich bemerke, dass ich nicht die ganze Wahrheit denke. Ich bemerke, dass ich mich verrannt habe. Ich bemerke, wie ich neue Wege mit meinem Partner suche.

So ist es.

Achtsamkeit ist eine Haltung, aus der heraus Sie sich die nötige Zeit und den Raum nehmen, mit dem, was Sie im Moment fühlen und tun, in Verbindung zu bleiben, *ohne* sich darin zu verlieren. Achtsamkeit ist, sich zu erlauben, zu bemerken, warum und wie man was wann tut, fühlt und denkt. Achtsamkeit ist die Frage nach den unhinterfragten Prämissen Ihres Lebens. Achtsamkeit bietet einen kleinen Moment, in dem Ihr freier Wille einen neuen Weg einschlagen kann.

Achtsamkeit heißt, langsamer zu werden. Zu lauschen. Nicht mehr alles zu glauben, was Sie denken. Sie hinterfragen sich, *ohne* sich selbst auf- oder abzuwerten. Sie suchen eine neue innere Position für Ihr Ich, aus der heraus Sie Ihre Standardmuster erkennen, beobachten und verändern können. Sie klettern ein Stück zurück in den Verästelungen Ihrer Entscheidungswege. Ein Stück zurück, näher zu den scheinbar verborgenen Wurzeln Ihres Erlebens.

Unsere Konzepte und Muster reagieren sehr schnell – und das ist oft sinnvoll. Wenn Sie jedes Mal gründlich abwägen, was Sie vor sich haben, und eingehend überlegen, wie Sie damit umgehen wollen, werden Sie an einem Tag nicht mehr allzu viel schaffen. Von klein auf haben Sie die Reaktionsmuster gebildet, die Sie in Standardsituationen abrufen. Ihr Gehirn muss keine neue Verknüpfungsleistung vollbringen. Vieles geht Ihnen leicht von der Hand: Schnürsenkel binden, Kaffee kochen, Guten Tag sagen, einen Tisch als einen Tisch erkennen – auch wenn dieser rund ist und nur drei Beine hat. Ähnliche Mechanismen wirken auch bei Ihrer Begegnung mit Ihrem Partner. Aufgrund Ihrer gesammelten Erfahrungen in Beziehungen – die meisten wirklich wichtigen stammen aus Ihrer Kindheit – haben Sie ein Reaktionsrepertoire entwickelt, welches Sie genauso leicht und selbstverständlich abrufen wie Ihre Fähigkeit, Ihre Schnürsenkel zuzubinden oder ein Glas Wasser zu trinken. Solange dieses Repertoire zu Ihren Bedürfnissen und den Möglichkeiten Ihres Partners oder Ihrer Schnürsenkel passt, ist alles in bester Ordnung.

Was aber, wenn es nicht mehr passt? Oder etwas Neues an die Oberfläche drängt? Wenn Ihre Versuche, in Ihrer Beziehung glücklich zu werden, immer wieder in Streit, Ablehnung oder Rückzug münden?

Jetzt brauchen Sie die Fähigkeit, neue, befriedigende Muster zu bilden. Hier kommt die Achtsamkeit ins Spiel. Die Verlangsamung und die Veränderung des inneren Standpunkts helfen, diese Muster zu erkennen und zu entschärfen.

Das ist nicht leicht. Manche dieser Muster üben Sie wahrscheinlich schon seit Jahrzehnten. Besonders chronische Konflikt- und Selbstschutzmuster springen sehr schnell und sehr sicher an. Es ist, als ob Sie auf einer Bananenschale ausrutschen würden, schnell und sicher spränge dann ein – etwa im Alter von zwei Jahren – gelerntes Muster an. Sie ruderten mit dem Armen und blieben – hoffentlich – stehen. Würden Sie erst nachdenken, käme Ihre Reaktion wahrscheinlich zu spät. Sie würden sich schmerzhaft auf dem Boden wiederfinden.

Der aufkeimende Streit mir Ihrem Partner, das Erleben der Bedrohung und die Angst vor erneuter Zurückweisung führen genauso schnell und sicher zu solch einer – aus der Tiefe kommenden – Reaktion. Und um sich nicht *schmerzhaft auf dem Boden wiederzufinden*, ziehen Sie Ihre Mauern hoch, stellen Ihren Kamm auf oder tun das, was immer Ihrer ganz persönlichen Schutz- und Abwehrhaltung entspricht.

Ihre Beziehung ist wahrscheinlich keine Bananenschale. Sie dürfen sich Zeit nehmen. Sie dürfen in sich lauschen und herausfinden, welche anderen Möglichkeiten es für Sie geben könnte. Achtsamkeit öffnet Ihnen hier diesen guten inneren Ort, von dem aus Sie sich auf die Suche nach Ihren wesensnäheren Bedürfnissen und Möglichkeiten machen können.

Durch die Verlangsamung wirkt die Achtsamkeit über die bewusste Reflexion hinaus. Ihr gesamtes System entspannt sich, und Ihr Unbewusstes bekommt Zeit und Ruhe, sich neu zu sortieren. Bewusst und unbewusst können Sie beginnen, sich zu fragen, inwieweit Ihre momentane Situation tatsächlich mit einer – unbewusst vermuteten – Referenz aus Ihrer Kindheit übereinstimmt oder nicht.

Vielleicht nimmt Ihr Partner Sie doch ernster und kann Ihnen näher sein, als dies Ihre Eltern konnten? Vielleicht können Sie Ihrem Partner – im Gegensatz zu Ihren Eltern –

jetzt einfach sagen, was Sie möchten und fühlen? Und vielleicht kann Ihr Partner – jetzt, im echten Leben – auf Augenhöhe mit Ihnen und Ihren Wünschen und Bedürfnissen umgehen?

Finden Sie es heraus.

Ich hoffe, dass Sie jetzt Lust bekommen haben, öfter einmal innezuhalten und in sich zu lauschen. Zu lauschen, ob das, was Sie gerade vorhaben, denken oder fühlen, eine passende Verhaltensweise oder Interpretation für Ihr Leben jetzt, in diesem Moment, ist. Oder ob eine – bisher unhinterfragte – Erfahrung aus Ihrer Vergangenheit noch zu stark wirkt.

Dieses Zu-sich-Kommen zu üben, ist keine Sache von zwei Wochen. Wie bei allen neuen Verhaltensweisen werden Sie sicher drei Monate brauchen, dieses geistige Prinzip in Ihrem Alltag zu verankern. Wenn Sie allerdings erst einmal Spaß an dieser Art des Mit-sich-Seins gefunden und seinen Nutzen für Ihre Entwicklung erlebt haben, wird es ein wichtiger Bestandteil Ihrer Innenwelt werden.

Ich habe versucht, dieses Abwarten und Lauschen und die Einladung, eine festgefahrene Ich-Position zu verlassen, in vielen Übungen mitklingen zu lassen. Natürlich ist es – trotz Erkenntnis – nicht immer einfach, *es* auch wirklich anders zu machen. Manches sitzt tiefer und ist noch zu sehr an unklare Erfahrungen und unbewusste Schlussfolgerungen gekoppelt. Da reicht das Erkennen allein oft nicht aus. Dort brauchen Sie mehr äußere und innere Zuwendung. Tiefe Veränderungen sind ein wenig wie das Erlernen einer Fremdsprache oder eines Musikinstrumentes. Es braucht seine Zeit. Manchmal geschehen allerdings erste kleine

Wunder, allein durch diese bewusst gewählte Pause zwischen Reiz und Reaktion.

Eine leichte Achtsamkeitsübung finden Sie in den Kapiteln *Den eigenen Gedanken folgen* und *Eine kleine Meditation*. Es gibt zahlreiche Bücher, CDs und Kurse aller Art, um sich in dieses Thema zu vertiefen. Am effektivsten sind angeleitete Übungen in einer Gruppe. In vielen Yoga- oder Tai-Chi-Kursen wird neben der Bewegung ein kleiner Meditationsteil angeboten. Unter dem Stichwort *Kabat-Zinn* oder auch *MBSR* finden Sie ein achtwöchiges, gut strukturiertes und erprobtes Kursangebot.

Der Beobachter

Durch die wiederholte Selbstbeobachtung entsteht in Ihnen allmählich die Position eines inneren Beobachters. Er wird zu einem ständigen Begleiter, der – aus sicherer innerer Entfernung – einen wohlwollenden Überblick behält und Ihnen diesen zur Verfügung stellt. Hier möchte ich eine optimale Haltung für diesen Beobachter beschreiben. Dieser ideale Beobachter ist wohlwollend, langsam, sehr genau und sehr neugierig. Er beschreibt, ohne zu bewerten. Sein einziger Kommentar lautet: *So ist es*. Er sorgt dafür, dass all Ihre inneren Anteile – alle Wut, alle Liebe, alle Moral, alle Angst, alle Vernunft, alle Sehnsucht, alle schnellen und langsamen Reaktionen – gleichwertig und genau in Ihrer Innenwelt anerkannt und sanft angenommen werden. Er hält – auf eine interessierte Art – eine sichere Distanz.

In der Rolle des Beobachters werden Sie wie ein Höhlenforscher, der hinter jeder Ecke seines dunklen Labyrinths faszinierende Entdeckungen macht. Sie beschreiben, Sie lernen, Sie zeichnen und stellen Verbindungen her. Sie sind erstaunt über diese große innere Vielfalt. Alles ist für Sie wertvoll. Nichts geht verloren. Nichts wird das Einzige, das andere bleibt ebenso bestehen.

In der Rolle des Beobachters können Sie eine Landkarte, ein inneres Regelwerk für Ihr Verhalten und Ihre Gefühle erkennen. Sie erahnen die immense Größe Ihrer inneren Welt. Viele Menschen beginnen an dieser Stelle erst einmal, sich selbst abzuwerten oder sich zu schämen, wenn sie in sich Gefühle oder Wünsche entdecken, die nicht zu ihrem eigenen Selbstbild passen: sexuelle Phantasien, übernommene Moralvorstellungen oder – in Liebesbeziehungen – die eigene Trägheit, lästige Verhaltensmuster zu ändern. In der Haltung des inneren Beobachters beginnen Sie zu akzeptieren, was Sie wahrnehmen: „Ach, sieh an, ich werte mich ab." Oder: „Ach, sieh an, solche sexuellen Phantasien habe ich." Oder: „Ach, sieh an, solche gemeinen Ideen habe ich über meinen Partner." Sie bemerken also gewährend auch Ihre inneren Antreiber, Richter, Moralapostel und – natürlich – Ihren inneren Schweinehund und Lustmolch. Aus der Position des Beobachters heraus darf das alles sein. Sie wechseln vom Zustand des Suchens in den Zustand des Findens. Die Ich-Perspektive des Beobachters ist weiter, sieht mehr und ist weniger verschmolzen mit dem jeweiligen Detail. Dadurch erlauben Sie Ihren Gedanken und Gefühlen, sich zu entspannen. Sie können ausatmen, die Schultern sinken ein wenig. Ihr Bauch kann weicher werden.

Sie können die wichtigen Fragen in Ihrer Beziehung leichter aus verschiedenen Blickwinkeln betrachten und vergrößern damit Ihren inneren Spielraum. Durch diese innere Vielfalt werden Sie freier.

Sich dem eigenen Wesen nähern

In diesem Abschnitt geht es um Ihre Nähe zu sich selbst und den tieferen, persönlichen Sinn, der nur in dieser Nähe entstehen kann. Erfüllung und Begegnung in der Liebe können nur entstehen, wenn beide Partner nah und unverstellt aus der seelennahen Position heraus fühlen und handeln.

Die Nähe zu sich selbst kann mit vielen Wendungen beschrieben werden:

> Wesensnah – Wesenskern – sinnhaft – die Seele – der, der Sie wirklich sind – Bewusstseinskern – Kern-Ich – innere Heimat – bei sich selbst sein – der Mensch hinter allem – das wahre Selbst – der innere Mensch usw.

Wenn ich Paare in meiner Praxis darauf anspreche, dass es da in ihnen diesen feinen, freundlichen Wesenskern gibt, reagieren viele erstaunt und dann schnell sehr erfreut. Viele kennen diesen Anteil natürlich schon, oder sie erkennen ihn wieder. Sie erleben diesen Teil oft sehr bildhaft in ihrer Brust, in Herznähe oder in ihrem Bauch. Manche fühlen sich auch spontan von etwas Warmem, Lebendigem ausgefüllt. Vielen ist dieser Teil halbbewusst, etwas, das sehr wichtig scheint.

Ich halte dies für einen zentralen Bestandteil unseres Menschseins. Meiner Erfahrung nach entscheiden wir Menschen hier, ob etwas wirklich, wirklich einen Sinn für uns hat. Hier steht unser persönlicher Kompass. Bedeutungsvolles Erleben ist untrennbar mit diesem Teil verbunden. Unser Bedürfnis nach Geborgenheit, nach Familie und nach gesellschaftlichem Eingebettet-Sein flüstert und lebt dort genauso wie unser Fernweh, unser Erkenntnisdrang und unser Bedürfnis nach Eigenständigkeit. Wir wollen und müssen vor allem an dieser Stelle unseres Wesens respektiert, eingeladen und angenommen werden, um uns entspannt als ganzer Mensch zugehörig zu fühlen. Idealerweise entsteht so eine Art eigenständiger Zugehörigkeit zu unserem Partner, die weitgehend unabhängig von dem ist, was wir im Alltag miteinander tun und denken.

Vielen Klienten wird bei der Beschäftigung mit diesem Teil klar, dass sie ihn – auch vor sich selbst – zurück- oder versteckt halten und sich nicht sicher sind, ob sie auf seine Impulse gefahrlos hören können. Oft gibt es eine Art inneren Manager, der die Äußerungen und Bedürfnisse dieses Teils zurückstellt. Der innere Blick des Klienten ist dann oft auf eine andere innere – über richtig oder falsch entscheidende – Instanz gerichtet, oder nach außen – auf den Partner.

Wie ist das bei Ihnen?

- Kennen Sie Ihren Wesenskern?
- Wo in Ihrem Körper können Sie ihn am deutlichsten spüren?
- Welchen Wert geben Sie ihm selbst?
- Welche Bedeutung hat er in Ihrer Innenwelt?
- Können Sie für diesen Wesenskern kämpfen?
- Wird er von Ihrem Partner liebevoll anerkannt und angenommen?
- Kennen und anerkennen Sie diesen Teil in Ihrem Partner?

- Wie wäre es, wenn Sie sich immer wieder Zeit nähmen, um mit dieser inneren Heimat Kontakt aufzunehmen?

- Darf dieser zentrale Teil Ihres Selbst in Ihnen präsent bleiben?
- Was schiebt sich immer wieder dazwischen?
- Wie genau kennen Sie die Bedürfnisse und Haltungen Ihres Wesenskerns?
- Wie erleben Sie von dort aus Ihre Beziehungskrise?
- Wie würden Sie von dort aus mit Ihrer Beziehungskrise umgehen?
- Dürfen Sie von dort aus (mit)bestimmen, wie Sie mit Ihrem Leben und Ihrem Partner umgehen wollen?

Ich hoffe, Sie mit diesen Fragen ein Stück in Ihr Innerstes geführt zu haben. Sie ahnen es vermutlich schon: Alles, was Sie tun und fühlen, bleibt am Ende unnütz und unbelebt, wenn es nicht ausreichend mit Ihrem Wesenskern verbunden wird.

Daher werde ich Sie in diesem Buch immer wieder einladen, sich diesem Wesenskern anzunähern, Ihr Leben aus der Sicht dieses Kerns zu betrachten und diesen bei allen Entscheidungen einzubeziehen.

Experiment:

- Verändert sich etwas in Ihrem Körpergefühl, wenn Sie jetzt lächeln?

Innere Anteile

Jetzt haben Sie die Achtsamkeit mit dem inneren Beobachter und die Wesensnähe kennengelernt. Neben Ihrem Wesenskern tauchen auch immer wieder Anteile in der Art eines inneren Richters, Antreibers, Schweinehundes, Lustmolches oder Managers auf. So haben Sie einerseits bremsende, antreibende, kontrollierende und strafende Anteile, die eher mit *Du-musst-* und *Das-darf-man-nicht-*Sätzen verbunden sind. Auf der anderen Seite repräsentieren der innere Schweinehund und das Lustprinzip Ihre Bedürfnisse. Entsprechend sind sie mit *Ich-will-* oder *Ich-will-nicht-*Sätzen verbunden. Keine dieser Schichten ist dabei per se gut oder schlecht. Der innere Schweinehund kann ein guter, wenn auch unbewusster Bremser gegen zu viel Leistungsdruck (innerer Antreiber) sein, er kann Sie aber auch daran hindern, sich endlich den Problemen in Ihrer Liebesbeziehung zu stellen. Ihr Lustprinzip hilft Ihnen, eine wunderbare Bergwanderung oder den Sex mit Ihrem Partner anzustreben und zu genießen; es verführt Sie aber auch zum eigentlich ungewollten dritten oder vierten Stück Kuchen.

Die ordnende Kraft für alle diese Regeln und Bedürfnisse ist Ihr bewusstes Ich. Es steht unter der ständigen Anforderung, Ihre inneren Kräfte so auszutarieren, dass Sie am Ende bekommen, was sie wollen: genug Kuchen und Sex ohne zu große Strenge; genug Selbstbeherrschung, um die Beziehungsfragen nicht schleifen zu lassen; genug Mut, zu den eigenen Schwächen zu stehen; genug Gelassenheit, dies auch erst am nächsten Morgen zu tun. Sie brauchen dafür ein starkes Ich, das sich nicht von einer einzelnen lauten Position vereinnahmen lässt, sondern sich Zeit nimmt, auch Hintergrundstimmen in die Entscheidung einzubeziehen.

Der Münchener Arzt und Psychotherapeut Christian GOTTWALD hat das bereits von Platon geprägte Bild des Menschen als Kutsche weiterentwickelt: Wir sind die Kutsche. Die Pferde sind unsere Kraft. Der Kutscher ist unser Wille. Auf dem Kutschbock sitzt als Beifahrer unser Beobachter. Die Kutsche selber repräsentiert unsere Körperlichkeit. Das Gepäck auf dem Dach sind all die Dinge, die wir aus der Vergangenheit mitbringen. In der Kutsche sitzt unser Ich als König, seine Krone stellt unseren spirituellen Bezug dar. Neben dem König sitzen in der Kutsche alle unsere Berater, Richter, inneren Kinder, Antreiber, Bremser und natürlich unser Streben nach Lust. All diese Anteile wollen auf den König oder direkt auf den Kutscher Einfluss nehmen. Die Souveränität unseres König-Ich entscheidet hier, ob wir den Überblick behalten und unser Leben so gestalten können, wie es am sinnhaftesten zu unserem freundlichen, feinen Wesenskern passt. Im Idealfall sind der König und dieser Wesenskern sehr nah beieinander.

Im täglichen Umgang hat es sich bewährt, immer wieder langsamer zu werden und aus der Position des inneren Beobachters heraus zu erkunden, welche Kräfte gerade in Ihnen am Wirken sind. Es ist hilfreich, die wichtigsten Kräfte zu identifizieren und in einer Art innerer Konferenz nacheinander zu Wort kommen zu lassen.

Folgende Sätze könnten dabei entstehen:

> „Lieber innerer Richter, ich weiß, du möchtest, dass ich streng mit mir bin und mich genau an die Verabredung halte." – „Liebes Lustprinzip, ich weiß, du möchtest, dass ich wieder nicht zu Hause Bescheid sage und einfach so zum Sport gehe." – „Lieber innerer Antreiber, ich weiß, du möchtest, dass ich jetzt schnell noch alles ohne Pause erledige und besser nicht zum Sport gehe." – „Lieber innerer Bremser,

ich weiß, du möchtest, dass ich mich jetzt wieder schlapp fühle und den Sport ganz vergesse." – „Liebes inneres hoffnungsloses Kind, ich weiß, du möchtest, dass ich jetzt ein wenig depressiv und überfordert werde, hier sitze und weder Sport mache noch pünktlich zu Hause bin und auch meine Arbeit nicht schaffe." – „Lieber innerer Wüterich, ich weiß, du möchtest, dass ich an den Streit von gestern abend anknüpfe, meinen Partner anrufe und zusammenscheiße."

Wenn diese inneren Kräfte sichtbar werden, kann der kleine Augenblick entstehen, in dem Sie den freien Willen spüren, etwas zu tun oder etwas nicht zu tun.

Im Abschnitt *Arbeit mit inneren Anteilen* können Sie den Umgang mit einander widersprechenden Anteilen üben und ein Stück mehr dieser souveräne König werden. Wenn Sie diese Art von innerem Gespräch vertiefen wollen, finden Sie dazu u. a. bei Friedemann SCHULZ VON THUN das Modell des „Inneren Teams".

Eigenverantwortung

Verantwortung hat etwas mit Bewusstwerden zu tun. Es ist der kurze Moment des Innehaltens, in dem Sie eine Entscheidung treffen. Er ist idealerweise davon getragen, dass Sie die Folgen einigermaßen überblicken und diese auch so anstreben. Sie können Verantwortung für Dinge oder Bereiche übernehmen (Windeln, Müll, Geld, Auto). Dies brauchen Sie für einen reibungslosen Alltag. In der Begegnung mit sich selbst und Ihrem Partner übernehmen Sie die Verantwortung für Ihre Motive, etwas zu tun oder etwas nicht zu tun. Sie tragen hier die Begründung für Ihr Handeln in sich selbst und vertreten dies gegenüber Ihrem Partner. Wenn Sie diese Art von Verantwortung übernehmen, verzichten Sie auf Schuldzuweisungen und Ausreden. Aus: „Ich gehe ja nur fremd, weil du keinen Sex mit mir machst" wird dann: „Ich gehe fremd, weil ich dich ärgern will/weil ich mich in unserer Liebe einsam fühle/weil ich Lust auf einen anderen Sexualpartner habe." usw. Es ist allein Ihre eigene Motivation, die Sie zu dieser Handlung führt. Es geht an dieser Stelle nicht um die Frage, wie diese Motivation in Ihnen entstanden ist – ob es eine Reaktion auf eine Handlung Ihres Partners oder das Flüstern eines Ihrer alten Muster ist –, sondern darum, ob Sie die Begründung für Ihre Handlung nach außen, auf Ihren Partner, Ihre Eltern oder sonstige verschieben wollen oder ob Sie souverän dazu stehen können. In der Selbstverantwortung lassen Sie den anderen los und trauen sich, alleine zu stehen. Sich selbst verantworten, hat so auch immer etwas mit Würde und Selbstachtung zu tun.

Es ist völlig in Ordnung, wenn Sie den Müll nicht mit nach unten nehmen, weil Sie Ihren Partner damit ärgern wollen. Die Probleme aus Ihrer eigenen Nicht-Verantwortung entstehen erst, wenn Sie versuchen, den „vergessenen" Müll mit einer Handlung Ihres Partners zu begründen und ihm das wahre Motiv, nämlich Ihren Ärger, vorenthalten wollen. Hier steht wieder die Frage im Raum, was Sie damit wirklich, wirklich erreichen wollen. Möchten Sie so tun, als ob Sie nicht in der Lage sind, selbst an den Müll zu denken? Möchten Sie sich an Ihrem Partner rächen? Möchten Sie dies heimlich tun („Ich weiß gar nicht, was du meinst, Schatz")? Fühlen Sie sich bevormundet, wenn Ihr Partner

Ihnen das mit dem Müll sagt, können das aber nicht ansprechen?

Sie übernehmen Verantwortung für sich selbst und Ihre Liebe, wenn Sie sich so aufrichtig wie möglich Ihre eigene Motivation eingestehen, diese Ihrem Partner auf Augenhöhe vermitteln und sich seiner Reaktion wirklich, wirklich stellen. Sich selbst zu verantworten, heißt auch, das eigene Selbst – Ihren Wesenskern – als wahres und einziges Zentrum Ihres Lebens immer mehr anzuerkennen und anzunehmen. Sich selbst zu verantworten, ist dabei gleichzeitig Hilfsmittel und Auswirkung auf Ihrem Weg zu einer selbstbestimmten Persönlichkeit.

Das Eingestehen der wirklichen eigenen Motivation ist nicht immer leicht – weder vor sich selbst noch vor dem Partner. Oft wird es ein altes Schutzbedürfnis sein, das Sie in Schuldzuweisungen und Ausreden Zuflucht nehmen lässt. Was passiert in Ihnen, wenn Sie sich wieder ein Stück mehr selbst erkennen? Und wie wird Ihr Partner damit umgehen können, wenn Sie es zeigen?

Im Kapitel *Was Sie wirklich, wirklich wollen* finden Sie dazu weitere Anregungen.

Experiment:

- Sprechen Sie heute noch mit Ihrem Partner über einen Bereich, in dem Sie keine Verantwortung übernehmen.

Sprache und Kommunikation

„Wovon man nicht laut spricht, das ist nicht da." *Friedrich Nietzsche*

Ich muss erst hören, was ich sage, damit ich weiß, was ich denke. *NLP*

Ich höre was, was Du nicht sagst. *GfK*

„Kommunikation" stammt von dem lateinischen Wort *communicare* und bedeutet „teilen, mitteilen, teilnehmen lassen; gemeinsam machen, vereinigen". (Quelle: Wikipedia)

Wenn Sie mit Ihrem Partner sprechen, bekommen Sie neben dem gesprochenen Wort eine Palette unterschiedlicher Informationen. Der Inhalt der Worte macht dabei nur etwa acht Prozent der Information aus. Ihre Worte mit Tonhöhe und Geschwindigkeit, Ihre Gesten, Ihre Körperhaltung und -spannung und sicher auch Ihr Geruch – bei uns Menschen gibt es z. B. sexuelle und ängstliche Signalgerüche – sind an der Informationsübertragung beteiligt. Aus diesem teils unbewussten Informationsgemisch schließen Sie auf den Sinn der Worte. Alle Mitteilungen beinhalten dabei zwei grundlegende Aspekte: einen, der sich auf die *Sache*, das *Was*, bezieht, und einen, der sich auf das Gefühl des *Miteinander-Seins,* das *Wie*, bezieht. Die Deutung dieser Aspekte ist stark von Ihrer eigenen Geschichte abhängig.

Mit den folgenden Fragen haben Sie ein Hilfsmittel, die beiden Aspekte auseinanderzuhalten:

- *Was* genau *machen* Sie wie, wann, wo und mit wem (z. B. essen gehen, Kinder erziehen, Auto fahren, nachdenken…)?

- *Wie sind* Sie dabei *miteinander* (zugewandt, abgewandt, wohlwollend, verschlossen ...)?

Das Leid in einer Ehekrise beginnt fast immer mit einem sich verändernden *Wie*. Schon lange bevor der große Streit, der Seitensprung oder die Trennung kommt, hat sich dieses *Wie* leise verändert. Das *Wie* verändert sich, wenn in Ihnen oder Ihrem Partner neue Bedürfnisse aufsteigen. Es sind nicht die Bedürfnisse nach einem etwas anderen *Was* (andere Pizzeria, anderes Reiseziel), sondern Wünsche nach grundlegenden Veränderungen: ein Kind zu bekommen, mehr Tiefe und Intimität zu erleben, oder der Wunsch nach mehr Freiheit und Entwicklung. Meistens sind diese neuen Wünsche eine Bereicherung für Ihre Beziehung. Das *Wie* wird intensiver, Sie öffnen sich zueinander, und Sie beschäftigen sich mit Ihren erwachsenen Wünschen und Bedürfnissen.

Die meisten Paare in meiner Praxis beherrschen eine freundliche, den anderen schätzende Art, miteinander zu kommunizieren. Es sind ja zwei Menschen, die aus tiefer gegenseitiger Zuneigung zusammengefunden haben. Es gibt in glücklichen Zeiten ausreichend Interesse, einander zu verstehen und gemeinsam zu wachsen. Diese Paare können in solchen Zeiten auch gut zwischen Gefühlsvermittlung und Lösungsorientierung unterscheiden. In Krisenzeiten verändert sich diese Kommunikation. Durch unverarbeitete Kränkungen, Scham, Wut und unerfüllte Bedürfnisse verwandelt sich die offene Sprache in eine Sprache des Selbstschutzes und der Abwehr. Die Worte und Gesten, die in guten Zeiten benutzt werden, um die Verbindung zu festigen und zu vertiefen, werden jetzt dazu benutzt, zu verletzen, zurechtzuweisen und den Partner hinter seinen inneren

Zaun zurückzutreiben. Sie bilden damit eine schützende Grenze gegen die (vermuteten) Angriffe Ihres Partners, aber auch eine behindernde Grenze für Ihr Bedürfnis nach Gemeinsamkeit und Verbundenheit.

Fragen zu Ihrer Sprachkultur:

- Sprechen Sie mehr oder weniger als Ihr Partner? Und wie finden *Sie* das? Und wie findet *er* das?
- Können Sie Alltagsthemen gut besprechen (Kinder, Einkauf, Urlaub)?
- Können Sie intime Themen gut besprechen (Sex, Nähe, Verletzung)?
- Fühlen Sie sich im Großen und Ganzen verstanden?
- Fühlt sich Ihr Partner im Großen und Ganzen verstanden?
- Können Sie eher *nein* sagen?
- Können Sie eher *ja* sagen?
- Verlieren Sie schnell Ihren inneren Faden? Wenn ja, bei welchen Themen?
- Gehen Sie oder Ihr Partner im Streit schnell unter die Gürtellinie?
- Werden Sie oder Ihr Partner sehr laut?
- Neigen Sie dazu, Streits einfach abzubrechen?

Experiment:

- Teilen Sie Ihrem Partner heute noch mit, was Sie an seinem Mitteilungsstil schätzen.

Durch Streit, veränderte Wünsche und durch die Erfahrungen in Ihrer Kindheit entstehen Felder der Sprachlosigkeit. Sie entstehen an den Stellen, an denen Ihr Partner oder Sie das Gefühl haben, ein bestimmtes Thema nicht mehr wirklich mit dem anderen besprechen zu können. Meist sind es scham- und angstbesetzte Inhalte.

Welches sind Ihre Themen, zu denen Sie keine passenden Worte finden? Achten Sie beim Lesen auf Ihr Körpergefühl.

> Kinder – Sex – Geld – Auto fahren – Wer kocht? – Müll – Abwasch – Seitensprung – Schwiegereltern – Körperkontakt – sich nicht geliebt fühlen – Kinderwunsch – sich nicht verstanden fühlen – sich eingeengt fühlen – verschmelzen wollen – fremdgehen wollen – sich zurückziehen – Sehnsucht – sich nicht gemeint fühlen – sich überlastet fühlen – den eigenen Weg gehen – sich benutzt fühlen – sich geliebt fühlen – sich angenommen fühlen – sich einsam fühlen – sich entschuldigen – verzeihen – sich öffnen – wünschen – ablehnen – sich bedanken – unterschiedlich sein – sich verschließen – langsam sein.

Was hat dazu geführt, dass Sie diese Themen nicht mehr mit Ihrem Partner besprechen?

- Ihr Partner hört sowieso nicht richtig zu.
- Ihr Partner weiß es sowieso besser.
- Ihr Partner kann das eh nicht verstehen.
- Das Thema ist Ihnen zu peinlich.
- Ihr Partner kann eh nichts damit anfangen.
- Ihr Partner explodiert immer gleich.
- Ihr Partner stellt Sie bei Freunden und Verwandten damit bloß.

- Sie haben *irgendwie* Angst davor.

Experiment:

- Sagen Sie Ihrem Partner – heute –, was Sie davon abhält, ein bestimmtes Thema mit ihm zu besprechen.

Jetzt stelle ich Ihnen an zwei Beispielen einen grundlegenden Kommunikationszyklus vor. Fast alle persönlichen Gespräche können mit diesem Modell beschrieben werden. Die Abfolge beschreibt modellhaft, wie das *Was* und das *Wie* in Ihrer Innenwelt zusammenspielen. Im ersten Fall werden Sie von einem Freund ins Kino eingeladen, im zweiten kommt Ihr Partner viel später als verabredet nach Hause:

- Sie *erkennen* eine äußere Begebenheit (das *Was):*
  Ein Freund lädt Sie ins Kino ein; bzw. Ihr Partner kommt sehr spät nach Hause.
- Sie *fühlen* etwas dazu (das *Wie*):
  Sie spüren Freude, Sie fühlen sich gewollt und angenommen; bzw. Sie spüren Ärger auf sich und Ihren Partner, den ganzen Abend auf ihn gewartet zu haben, Sie fühlen sich nicht ernst genommen und ungeliebt.
- Sie gleichen das Erlebte mit Ihren eigenen Bedürfnissen und Wünschen ab: Sehr schön, diesen Film wollten Sie schon lange sehen; bzw.: Sie hätten gerne den Abend mit Ihrem Partner verbracht, Sie möchten sich geliebt fühlen. Er soll sich Ihrem Ärger stellen.

- Sie vermitteln Ihre Gefühle und Ihre Bedürfnisse:
  „Ja, gerne mit Dir, um acht Uhr am Kino“;
  bzw., je nach Beziehungszustand freundlich oder hart: „Ich ärgere mich, dass du erst so spät kommst, ich hätte gerne den Abend mit dir verbracht. So fühle ich mich ungeliebt. Ich möchte mich geliebt fühlen, und ich möchte, dass wir uns das nächste Mal klarer verabreden.“
- Durch Ihre Worte entsteht eine neues *Was* und ein neues *Wie*. Das neue *Was* sind jetzt Ihre Gefühle und Ihre Bedürfnisse, die Sie vermitteln. Das neue *Wie* ist die Art und Weise, wie Sie dies tun. Es ist jetzt an Ihrem Partner, das *Was* und das *Wie* zu erkennen, zu deuten und seinerseits zu antworten.

Wahrscheinlich kommt Ihnen die Abfolge im Beispiel der Kinoeinladung selbstverständlich vor. Ist sie auch. Sie kennen alle Teile und benutzen diese intuitiv. Es wird deutlich sichtbar, wieviel mehr Aufmerksamkeit das *Wie* – die Beziehungsaussage – gegenüber dem *Was* – der Handlung – benötigt. Ihre persönliche Bewertung und Verarbeitung der Handlung findet in einer Art kleinem Gespräch in Ihrer Innenwelt statt. Das managende Ich befragt Ihre Gefühlswelt: „Gefällt mir das? Gefällt mir das nicht?“ und sucht eine Form, dies mit dem Partner zu teilen.

In der Krise ist diese Abfolge oft gestört. Bis zu welcher Stufe dringen Sie in Gesprächen mit Ihrem Partner vor?

- Sind Sie sich einig über das konkret Geschehene?
- Bemerken Sie die ursprüngliche Kränkung durch das „Vergessenwerden", und spüren Sie Ihren Ärger?
- Können Sie dann – trotz gefühltem Ärger – noch Ihr ursprüngliches Bedürfnis nach Geborgenheit und Gemeinsamkeit spüren?
- Sind Sie in der Lage, einen Lösungswunsch zu entwickeln?
- Erlauben Sie sich, Ihren Ärger, Ihr Bedürfnis und Ihren Lösungswunsch Ihrem Partner nahezubringen?

Viele Paare kommen leicht zu Schritt eins und zwei. Ärger und Bedürfnis noch gleichzeitig zu spüren, gelingt schon wenigeren. Die hohe Kunst scheint es zu sein, *Ärger, Bedürfnis* und *Lösungswunsch* zu spüren und diese dem Partner zu vermitteln. Wie weit kommen Sie, und was könnte Ihnen dabei weiterhelfen?

Da Kommunikation so eine zentrale Bedeutung in jeder Liebe hat, gibt es unter der Überschrift *Über das tägliche Miteinander-Sprechen* zahlreiche Hinweise und Beschreibungen verschiedener Kommunikationsmethoden.

Körper und Körperlichkeit

Die Art, wie Sie in und mit Ihrem Körper leben, ist eine wichtige Grundlage für Ihr Sein in der Welt – und damit für Ihre Fähigkeit, eine glückliche Liebesbeziehung zu gestalten.

Genießen und bewegen Sie Ihren Körper. Wenn Sie ihn bewusst bewegen, ihn sportlich herausfordern oder entspannen, kommen Sie einer wichtigen Dimension Ihrer Existenz näher. Ihre Atmung bringt Sie in Verbindung mit Ihrem natürlichen Fluss. Ihr Herzschlag erinnert Sie unmissverständlich daran, dass Sie lebendig sind. Ihr Körper ist Ihre tiefste Heimat. Mit Ihren Armen können Sie Ihren Partner an sich heranziehen oder ihn von sich wegstoßen. Mit Ihren Händen können Sie sich selbst und Ihren Partner greifen und *begreifen*. Mit Ihren Füßen können Sie beherzt aufeinander zugehen oder sich auf sichere Distanz bringen. Sie können mit den Füßen spüren, dass es derselbe Boden ist, auf dem Sie und Ihr Partner stehen. Sie können Ihr Herz öffnen, aber auch verschließen. Berührt- und Bewegtsein ist gleichermaßen körperlich wie seelisch erfahrbar. Körperlichkeit, Bewegung und Entspannung machen Sie satt und weich, so dass Sie in der Nähe mit Ihrem Partner offener sein können. Körperlichkeit, Bewegung und Entspannung stärken Ihren Selbstwert und Ihre Eigenständigkeit. So können Sie Ihre eigene Meinung besser vertreten und müssen in Streits keine Alles-oder-nichts-Haltung einnehmen. Ihr Körperbezug entsteht aus einer Mischung von bewusstem Bewegen und Wahrnehmen. Essen, Trinken, Schlafen, Sprechen, Sehen, Lauschen, Fühlen, Sexualität, Auf-die-Toilette-Gehen, warm, kalt, hell, dunkel, angespannt, entspannt, Denken, Müdigkeit – alles gehört dazu.

Es geht um diese besondere Art des Bei-sich-selbst-Seins, diesmal auf Ihr Körpererleben zugespitzt. Die Frage dazu ist: Wie ist Ihrer körperliche Welt beschaffen?

- Sind Sie *fleisch*gewordene *Seele*?
- *Leben* Sie nur in Ihrem Körper?
- Benutzen Sie Ihren Körper wie eine Maschine?

- Lassen Sie Ihren Körper, z. B. beim Sex, benutzen?
- Sind Sie in Ihren Körper eingesperrt?
- Erleben Sie Ihren Körper als *unbewohnt*?
- Was passiert mit Ihnen, wenn Sie keinen Körper mehr haben?

Experiment:

- Nehmen Sie sich etwas Zeit und versuchen Sie einmal Ihre Ohrläppchen wahrzunehmen, *ohne* sie anzufassen.

Ihre Liebesbeziehung hat viele körperliche Aspekte. Entfernung im Raum, Tanzen, Berührung und alle Sinnesorgane sind Teile Ihres Körpers. Für die meisten Frauen sind Schwangerschaft, Geburt und Stillen Erfahrungen, in der Körperlichkeit und seelisches Empfinden tief miteinander verschmelzen.

Eine zärtliche Berührung wirkt fast immer öffnend und verbindend. In der Umarmung können Sie einen Raum entstehen lassen, der es erlaubt, sich selbst und Ihrem Partner näherzukommen. Tiefe Nähe kann dabei eine Herausforderung sein, bei sich selbst zu bleiben.

Je freundlicher und achtsamer Sie mit Ihrem eigenen Körper sind, desto liebevoller und erfüllender kann auch die körperliche Begegnung mit Ihrem Partner sein. Wenn Sie sich selber hässlich finden, werden Sie nicht wirklich verstehen können, warum Ihr Partner Sie gerne ansieht und berührt. Wenn Sie immer hart mit Ihrem eigenen Körper umgehen, werden Sie nicht wirklich zart mit dem Körper Ihres Partners sein können. Wenn Sie starke Scham- und Ekelgefühle gegenüber Ihrem eigenen Körper oder dem Ihres Partners empfinden, haben Sie wahrscheinlich ein Problem mit wirklich nahem, intimem Sex. Menschen, die in ihrem Leben an einer Essstörung gelitten haben, können oft nicht verstehen, warum ihr Partner sie begehrt.

Ihr Körpererleben kann auch Hinweis auf eine seelische Unstimmigkeit sein, die sich über das vegetative Nervensystem ausdrückt. Dieses steuert u. a. Ihre gesamte muskuläre Grundspannung, Ihr Verdauungssystem, den Pupillenreflex, große Teile Ihres Hormonhaushaltes sowie Ihre Sexualorgane. Haben Sie z. B. oft ein schlechtes Gewissen, werden Sie vielleicht Ihre Schultern ein wenig anspannen und Ihren Kopf einziehen. Chronische Nackenschmerzen können die Folge sein. Vielleicht fühlt sich Ihr Bauch auch ohne Gürtel immer ein wenig wie in einem Korsett an. Magenschmerzen, Verdauungsstörungen, Schlafstörungen, Rauschen in den Ohren – all diese Feinjustierungen sind noch keine Krankheiten, können aber Ihre Lebensfreude stark beeinträchtigen. Durch das Anspannen Ihrer Muskulatur können Sie – wie auch mit Nikotin und Alkohol – Ihre Gefühle beeinflussen. Nichts anderes soll durch das Strammstehen beim Militär bewirkt werden. Ein strammstehender Mensch fühlt sich selbst weniger und hat somit auch weniger Angst, aber er spürt auch weniger seinen eigenen Willen. Ein entspannter Mensch dagegen wird nicht ohne weiteres dazu zu bringen sein, gegen seinen Willen zu handeln. Chronische Anspannung kann ein Zeichen dafür sein, dass Sie bestimmte Aspekte Ihrer Gefühlswelt im Wortsinne zu stark *fest*halten. Was würde passieren, wenn Sie diese Last von Ihren Schultern werfen würden? Was würde passieren, wenn Sie der

Wut, Angst und Liebe in Ihrem Bauch freien Lauf ließen? Wie würden Sie Ihre Sexualität erleben?

Experiment:

- Was fänden Sie beunruhigender – Ihrer zurückgehaltenen Liebe freien Lauf zu lassen oder Ihrer zurückgehaltenen Wut?

Lassen Sie die folgenden Fragen auf sich wirken. Beantworten Sie diese Fragen innerlich auch für Ihren Partner. Als Experiment können Sie dies auch einmal für Ihre Eltern, Ihre Kinder oder Ihre beste Freundin/Ihren besten Freund tun.

Ich lade Sie ein, kurz innezuhalten. Atmen Sie zweimal durch und lauschen Sie nach innen.

Hier sind die Fragen:

- Sind Sie (zu) dick oder (zu) dünn?
- Ist Ihr Partner (zu) dick oder (zu) dünn?
- Lieben Sie Ihre Falten?
- Lieben Sie die Falten Ihres Partners? Liebt er Ihre?
- Möchten Sie als alter Mensch gerne schlohweiße Haare haben?
- Treiben Sie Sport?
- Treibt Ihr Partner Sport?
- Schnarchen Sie?
- Können Sie sich selber gut riechen?

- Mögen Sie den Geruch Ihres Partners?
- Essen Sie regelmäßig und mit Genuss?
- Kochen Sie gerne?
- Schlafen Sie gerne und gut? Besser mit oder besser ohne Ihren Partner?
- Kommen Sie schnell außer Atem?
- Wie ist Ihr Gehör? Haben Sie Ohrgeräusche?
- Wie fühlt sich Ihre Haut an?
- Gibt es einen Bereich in Ihrem Körper, der chronisch verspannt ist?
- Haben Sie Rückenschmerzen?
- Haben und genießen Sie Ihre Sexualität mit und auch ohne Ihren Partner?
- Genießen Sie Ihre Verdauung (auf dem Klo in Ruhe Zeitung lesen)?
- Ist Körperpflege etwas Angenehmes für Sie?
- Wo in Ihrem Körper tragen Sie die ganze Anspannung Ihrer Beziehungsprobleme?
- Sind Sie mit dem Körper Ihres Partners zufrieden?
- Wieviel Berührung und körperliche Nähe brauchen Sie?
- Berühren Sie Ihren Partner gerne? An welcher Stelle am liebsten? Und an welcher schon lange nicht mehr?
- Sind Sie sexuell unter- oder überfordert?
- Haben Sie ernstere psychosomatische Erscheinungen (Reizdarm, Asthma, Migräne usw.)? Kennen Sie die Ursachen?

- Wo ist Ihre persönliche *Achillesferse*?
- Was hat Ihr Körper mit Ihrer Liebesbeziehung zu tun?

Experiment:

- Sagen Sie heute noch Ihrem Partner, was Sie an seinem und auch an Ihrem eigenen Körper mögen!

Weiter geht es mit einer kleinen Reise durch Ihren Körper. Die Verlangsamung soll Ihnen helfen, von der reinen Körperwahrnehmung (*Ja, ich habe ein Bein)*) näher zu Ihrem Körpergefühl zu kommen (*Oh – ja, ich habe ein Bein*). Für diese Übung brauchen Sie etwa fünf Minuten ungestörter Zeit. Lehnen Sie sich zurück und folgen Sie dem Text. Lesen Sie immer einen Abschnitt, lehnen Sie sich dann wieder zurück, schließen Sie die Augen und folgen Sie meinen Anregungen:

- Wo sind Sie im Augenblick mit Ihrem Bewusstsein? Im Kopf? Wo genau im Kopf? Eher vorne in der Stirn? Oder eher im Hinterkopf? Versuchen Sie einmal, zwischen Ihren Ohren zu denken.
- Kratzen Sie sich mal ein wenig den Kopf, raufen Sie sich etwas die Haare. Reiben Sie sich den Nacken. Vielleicht läuft es Ihnen ein wenig kalt den Rücken hinab.
- Gehen Sie jetzt mit Ihrer Aufmerksamkeit in Ihr Gesicht. Streichen Sie über Ihr Gesicht. Erforschen Sie mit Ihren Händen seine Konturen.

- Genießen Sie die Berührung.
- Streichen Sie langsam mit Ihren Händen über Ihren ganzen Körper. Versuchen Sie aufmerksam Ihre Körperoberfläche zu ergründen. Vergessen Sie Ihre Genitalien und Ihren Hintern nicht.
- Nehmen Sie sich dazu ruhig etwas Zeit.
- Verweilen Sie, wo es ihnen gefällt.
- Genießen Sie die Berührung.

- Lenken Sie nun Ihre Aufmerksamkeit auf Ihren Atem. Wie atmen Sie jetzt, in diesem Augenblick?
- Nehmen Sie drei tiefe Atemzüge.
- Nehmen Sie noch drei *wirklich* tiefe Atemzüge!

- Spannen Sie für 7 Sekunden Ihre Beckenbodenmuskulatur an und lassen Sie sie wieder los.
- Wiederholen Sie dies drei Mal.

- Lauschen Sie jetzt in Ihren Körper. Lassen Sie sich Zeit dazu.

  Wie atmen Sie jetzt?
  Hören Sie Verdauungsgeräusche?
  Haben Sie warme Hände und Füße?
  Können Sie Ihren Herzschlag spüren?
  Rauschen Ihre Ohren?

- Umarmen Sie sich zum Abschluss selbst.

Vielleicht ist Ihnen jetzt an Ihrem Körpergefühl dieses oder jenes aufgefallen. Eine unangenehme Verspannung rechts oben oder ein Rauschen in den Ohren? Vielleicht sind Sie auch etwas ruhiger und freuen sich über Ihr Befinden? Vielleicht mussten Sie an Ihren Partner denken? Vielleicht spüren Sie Hunger? Vielleicht sind Sie auch im letzten Teil – dem Hineinlauschen – mit den Gedanken abgedriftet?

Alles ist richtig.

Wenn Sie noch weitere Anregung suchen, stellen Sie sich vor einen Spiegel und betrachten Sie sich dort. Das können Sie auch unbekleidet tun. Trauen Sie sich ruhig, Ihren Körper einige Minuten zu betrachten. Wie stehen Sie da? Gefallen Sie sich? Drehen Sie sich um Ihre eigene Achse. Versuchen Sie auch die Teile Ihres Körpers zu sehen, die Sie normalerweise im Spiegel nicht sehen können. Verwenden Sie dazu einen zweiten Spiegel.

Experiment:

- Verändert sich etwas in Ihrem Körpergefühl, wenn Sie jetzt lächeln?

Im Alltag der Krise

Liebe braucht Raum.

Liebe braucht Zeit.

Liebe braucht Mut.

Liebe braucht Augenhöhe.

Liebe braucht Nachsicht.

Liebe braucht Neugier.

Liebe braucht Worte.

Liebe braucht Liebe.

In diesem Abschnitt finden Sie eine Sammlung verschiedener Instrumente für Ihren Alltag. Sie sollen Ihnen dabei helfen, den täglichen Fluss Ihrer Beziehung so einzubetten, dass er immer weniger über die Ufer tritt. Eine neue Form soll entstehen, in der das Unangenehme abfließen und das Angenehme wieder seinen Platz finden kann.

•

Liebe braucht Zeit

Viele Paare, die zu mir in die Therapie kommen, sind durch Arbeit und kleine Kinder zeitlich sehr eingespannt. Der Mangel an Zeit ist dabei oft gleichzeitig Verursacher und Teil des Problems. Um einen Weg aus einer Beziehungskrise zu finden, brauchen Sie ausreichend Zeit. Es reicht nicht, alles zu schaffen und dann müde ins Bett zu fallen, um am nächsten Tag wieder alles nur zu schaffen. Ein Teil meiner Arbeit mit Paaren besteht in der gemeinsamen Suche nach einem besseren Zeitmanagement – und damit auch in der

Suche nach den Gründen, warum das Paar nicht von selbst auf diese – oft einfachen – Ideen kommt.

Wie ist das bei Ihnen? Haben Sie ausreichend Zeit, um sich – neben Kindern, Arbeit und Beziehungskrise – zu entspannen? Hat Ihr Partner dazu auch ausreichend Zeit? Haben Sie gemeinsam ausreichend Zeit, neue Wege miteinander zu suchen und zu gehen?

Wenn nicht, was brauchen Sie dafür?

> Öfter einen Babysitter – weniger Angst voreinander – mehr gemeinsamen Rhythmus – bewusstere Begegnung – mehr Zeit alleine – klare Verabredungen – mehr Geld – die innere Erlaubnis dazu (Wer in Ihnen kann Ihnen diese erteilen?).

Experiment:

- Verabreden Sie sich noch heute mit Ihrem Partner zu einem Spaziergang. Verabreden Sie sich wirklich nur zum Spazierengehen. Beginnen Sie auf keinen Fall ein Problemgespräch!

Raus aus dem Streit!

> „Um einen Streit zu beenden, ist es nicht wichtig, wer angefangen hat, sondern wer damit aufhört."

Hoffentlich wird auch bei Ihnen leidenschaftlich um Standpunkte, Nähe und den Abwasch gerungen. Kränkung, Aufregung und Zorn gehören zu einer Liebesbeziehung. Und nicht zu vergessen: die Versöhnung in all Ihren schönen Formen. Manche Paare haben nach heftigen Streits den besten Sex – vielleicht, weil sich beide Partner durch die beim Streiten entstehende Entfernung wieder etwas mehr als Individuen erleben? Streit ist ein wichtiges emotionales Schmiermittel bei der Entwicklung zu einer eigenständigeren Persönlichkeit und innerhalb einer Liebe.

Streit kann aber auch ein Mittel zur Vermeidung von Begegnung und Entwicklung sein. Ein Streit, der nur zu starker Kränkung führt, ist keine reinigende Entladung mehr, sondern liefert beiden Partnern die Rechtfertigung, ihre Herzen verschlossen zu halten. Suchen Sie Wege, diesen destruktiven Streit zu vermeiden.

Die folgende Anleitung ist ein Schritt zu weniger überwertigem Streit im Alltag:

- Versuchen Sie so gut wie möglich, unnützen Streit schnell zu beenden.
- Verabreden Sie regelmäßige kurze Gespräche über Ihre Streits (max. 10 Minuten).

- Sagen Sie Ihrem Partner genau, was Sie im letzten Streit verletzt hat.
- Sagen Sie Ihrem Partner genau, was Sie vermuten oder wissen, wie und womit Sie Ihn im letzten Streit verletzt haben.
- Sagen Sie Ihrem Partner genau, warum Sie das getan haben und wofür Sie dieses Verletzen brauchen.
- Sagen Sie Ihrem Partner genau, was Sie erleben, wenn Sie Ihn verletzen.

- Sagen Sie Ihrem Partner genau, ob Sie ihn damit auch wirklich verletzen wollten.
- Sagen Sie Ihrem Partner genau, was Sie damit eigentlich bei ihm erreichen wollten.
- Sagen Sie Ihrem Partner genau, wie er mit Ihnen im Streit umgehen soll.
- Fragen Sie Ihren Partner genau, wie Sie mit ihm umgehen sollen.
- Vereinbaren Sie, wie Sie beim nächsten Mal anders streiten wollen.
- Seien Sie großzügig miteinander.

Diese Gespräche funktionieren umso besser, je mehr Sie sie in einer verantwortungsvollen inneren Haltung führen. Einfach nur dieselben Vorwürfe noch einmal auf den Partner abzufeuern, wird Ihnen kaum weiterhelfen. Sie brauchen eine innere Haltung, in der Sie beide Pole wahrnehmen können: den unmittelbaren Ärger ebenso wie den Wunsch, mit Ihrem Partner verbunden zu bleiben. Sie gehen dabei nur mit einem Fuß in den Gefühlsfluss, den anderen lassen Sie auf festem Grund.

Stoppsignale vereinbaren

Wenn Sie sich schon ausreichend oft unproduktiv gestritten haben, wenn Sie sich schon einig sind, Streits nicht mehr übermäßig eskalieren lassen zu wollen, dies aber noch nicht schaffen, dann können Sie als Hilfsmittel *Stoppsignale* vereinbaren.

Sprechen Sie ein gemeinsames Zeichen ab, mit dem Sie einen Streit jederzeit beenden können. Das kann eine gelbe Karte sein, die einer von Ihnen hochhält, oder ein Code-Satz wie: „Die Krokodile müssen gebadet werden."

Das vereinbarte Stoppsignal darf nicht dazu missbraucht werden, jeden unliebsamen Angriff des Partners sofort zu unterbinden, doch grundsätzlich gilt: Wenn einer von beiden das Stoppsignal zeigt, haben Sie zu stoppen. Ob das Signal missbräuchlich verwendet wurde oder nicht, können Sie später klären.

Es hat sich in meinen Sitzungen bewährt, die Verwendung des Signals wirklich miteinander zu üben. Kreieren Sie gemeinsam das Signal, und wenden Sie es auch mehrmals gegeneinander an. Werden Sie spielerisch laut und lassen Sie sich von Ihrem Partner dabei stoppen. Es ist wie mit vielem in diesem Buch: Durchlesen allein hilft wenig.

No-Go-Liste

Die No-Go-Liste ist eine Erweiterung für die Stoppsignale. Schreiben Sie mit Ihrem Partner eine Liste der Inhalte, die Sie gegenseitig im Streit nicht als Munition verwenden wollen. Es handelt sich dabei um all die Themen, die Sie gegenseitig zu sehr verletzen würden und die einen gesunden Streit in einen kleinen, bösen Krieg verwandeln würden, z. B.: „Kein Wunder, wenn du dich so benimmst, dass dein letzter Partner fremdgegangen ist" oder: „So dick wie du bist, kriegst du keine(n) andere(n) mehr."

Jeder Mensch hat seine ganz persönlichen Schwächen und Verletzungen. Ein Vorwurf, der für Sie selbst harmlos klingt, kann für Ihren Partner sehr kränkend sein. Schon der

Tonfall kann eine unbedachte Bemerkung in eine tiefe Kränkung verwandeln.

- Erklären Sie Ihrem Partner genau, was Sie nicht hören wollen und warum Sie dieser Angriff so kränken würde.
- Übernehmen Sie die Verantwortung dafür, dass Ihr Partner Sie auch richtig verstanden hat. (*Quittung abholen*).
- Fragen Sie Ihren Partner so lange, bis Sie sicher sind, seine Ängste wirklich verstanden zu haben.
- Vereinbaren Sie eine kleine „Vertragsstrafe", wenn Sie sich nicht an die No-Go-Liste halten.
- Halten Sie die Liste schriftlich fest, unterschreiben Sie beide und hängen Sie sie z. B. an den Kühlschrank.
- Vereinbaren Sie, wie Sie die Liste ändern können.

Bedenken Sie, dass Sie sich mit Ihren No-Go-Themen im Zweifelsfall auch gegenseitig Munition liefern. Andererseits bekommt eine empfindliche Stelle manchmal schon allein dadurch eine dickere Schutzschicht, dass Sie sich zu ihr bekennen.

Zwei Mal zehn Atemzüge

Im aufkeimenden Streit und bei Kränkungen durch Zurückweisung ist es wichtig, die schnell hochschießenden Emotionen direkt bremsen zu können. Die folgende Technik hilft Ihnen, ein Stück in Ihre Eigenverantwortung zurückzugelangen. Als schnelle Variante können Sie die Augen schließen und drei Mal tief durchatmen und dabei rückwärts von drei bis eins zählen. Damit bekommen Sie schon etwas Abstand zum Geschehen und zu Ihren schnellen Gefühlen und Reaktionen.

Die Zwei-Mal-zehn-Atemzüge-Variante hilft Ihnen auf Dauer besser in die Eigenverantwortung.

Hier die Anleitung:

- Gehen Sie mit Ihrer Aufmerksamkeit nach innen.
- Suchen Sie sich einen Punkt in Ihrem Bauch.
- Konzentrieren Sie sich zwei Mal zehn Atemzüge lang genau auf diesen Punkt in Ihrem Bauch.
- Halten Sie Ihren Fokus unbeirrt auf diesem einen Punkt.
- Spannen Sie dazu Ihre Beckenbodenmuskulatur ein wenig an.
- Wenn Sie bemerken, dass Sie zu Ihren Gedanken hochhuschen, zwingen Sie Ihre Aufmerksamkeit immer wieder auf diesen einen Punkt in Ihrem Bauch zurück.
- Bleiben Sie Ihren störenden Gedanken gegenüber unnachgiebig.
- Durch diese strenge Konzentration auf einen Punkt üben Sie, störende Gedanken und Emotionen in Schach zu halten.

Es ist wichtig, dass Ihnen diese Technik schon vertraut ist, wenn Sie sie im nächsten Streit einsetzen. Üben Sie sie eine

Zeitlang ein bis zwei Mal pro Tag. Auch hier gilt wieder: Durchlesen allein wird Ihnen nicht sehr viel helfen.

Der Video-Trick

Sowohl in der Erziehungsberatung als auch im Bewerbungstraining ist die Arbeit mit Videoaufnahmen bewährte Praxis. Und genauso können Sie diese Methode nutzen, wenn Ihre Streits oft zu heftig sind und Sie es trotz gegenseitiger Willensbekundung nicht schaffen, eine akzeptable Grenze einzuhalten. Halten Sie eine Videokamera oder ein videofähiges Handy bereit und filmen Sie Ihre Streits ab einer vorher gemeinsam vereinbarten Eskalationsstufe.

Das Wissen darum, an diesen Stellen gefilmt zu werden oder den Partner filmen zu dürfen, hilft Ihnen, nicht bis zum Äußersten zu gehen.

Nachts nicht streiten

Warum finden die meisten guten Partys nachts statt? Weil wir Menschen in der Nacht ein anderes Hormongefüge haben und weil die Dunkelheit uns etwas enthemmt. Wir fühlen uns nicht mehr so kontrollierbar, denn es ist ja dunkel, und die Kontrolle kann uns nicht so genau sehen. Wer auch immer diese Kontrolle ist – es scheint dasselbe innere Flüstern in uns zu sein, welches auch ein fünfjähriges Kind hört, wenn es die Augen zumacht und denkt, jetzt könne es nicht mehr gesehen werden. Wir trinken im Dunkeln vielleicht zu viel Alkohol und machen die Dinge mit einem „Das-ist-mir-jetzt-egal"-Gefühl. Wir sind vielleicht zugänglicher oder auch unfreundlicher als sonst und fahren etwas zu betrunken mit unserem Auto, aber wir können auch ausgelassener tanzen und wunderbare Liebhaber sein. Auf jeden Fall brechen unsere Impulse ein Stück mehr durch. Wir haben nicht mehr so viel Kraft und Lust, diese zu bremsen.

All das trifft auch beim Streiten zu.

Wahrscheinlich ist es bei Ihnen ähnlich. Wahrscheinlich werden Sie im nächtlichen Streit schneller heftig und verletzend. Wahrscheinlich haben Sie in der Nacht nicht mehr allzu viele Reserven, um Ungerechtigkeiten abzupuffern. Wahrscheinlich empfinden Sie vieles von dem, was Sie sich in der Nacht gegenseitig an den Kopf geworfen haben, am nächsten Morgen als unangenehm, überflüssig und unpassend.

Ein Paar fand nach vielem nächtlichen Streiten den Begriff „Bettfrieden" für sich. Sie bemühten sich, einander von einer festgelegten Uhrzeit an in Frieden zu lassen. Dafür übernahmen beide die Verantwortung. Beide wussten, dass sie sich auch am nächsten Tag noch über dieses Thema streiten könnten (der andere läuft ja nicht weg), und sie hatten herausgefunden, dass sie sich am nächsten Tag auf jeden Fall anders und meist produktiver streiten würden.

Häufiges Streiten bei Nacht kann auch ein Hinweis darauf sein, dass Sie tagsüber die wichtigen Dinge nicht ausreichend ansprechen. Dass Sie vielleicht eine kleine Scheu haben, im Hellen, wach und mit Kraft von Angesicht zu Angesicht Ihre Bedürfnisse zu besprechen.

Experiment:

- Erfüllen Sie in den kommenden Tagen Ihrem Partner heimlich einen kleinen Wunsch. Beobachten Sie, ob sich dadurch etwas verändert.

Was Sie wirklich, wirklich wollen

Immer wieder stelle ich Ihnen die Frage: „Was es ist, was Sie wirklich, wirklich wollen?“ Ich verdoppele das Wort *wirklich* und ziele damit auf Ihre Motivation hinter Ihren Wünschen und Handlungen. Ich möchte Ihren Blick von einer kurzfristigen Befriedigung auf das langfristige Ergebnis Ihrer Handlungen lenken, auf den Wunsch hinter dem Wunsch. Dabei ist es wahrscheinlich nicht angenehm, zu spüren, dass Ihre aktuelle Handlung oder Haltung vielleicht im Widerspruch zu einem tieferen Bedürfnis steht. Ich habe hier einige Beispiele angeführt, in denen klar wird, dass die kurzfristige Handlung nicht mit deren langfristigen Konsequenzen abgestimmt ist. Ihr handelndes Ich ist dabei meist so stark in einem engen Muster gefangen, dass es dies selber gar nicht mehr bemerkt.

> Eine Tüte Bonbons, Stück für Stück leer essen. Sie essen ja immer nur ein Bonbon. Ach, es schmeckt so gut. Aber, o Wunder, die Tüte ist plötzlich leer, obwohl Sie ja immer nur ein einziges Bonbon gegessen haben. Gesteuert vom kleinen, schnellen Lustgewinn am Gaumen, haben Sie Ihren Magen mit Süßigkeiten zugestopft. War es das, was Sie wirklich, wirklich wollten?
>
> Im Streit den Partner erst einmal mit allen Tricks zurückstoßen und auf keinen Fall auch nur einen Fußbreit Land verlieren. Gesteuert von der Angst, das Gesicht zu verlieren oder sich unterwerfen zu müssen, haben Sie jetzt wieder für zwei Tage einen schiefen Haussegen. War es das, was Sie wirklich, wirklich wollten?
>
> Lieber das vermeintlich kleinere Übel wählen und den eigenen Standpunkt nicht vertreten. Nach einem

Streit den Kopf in den Sand stecken, sich lieb
für den nächsten Streit merken. Lieber nicht a
Partner zugehen, weil Sie darin nicht so geübt sind. Überall, wo Sie sich lieber für etwas hergeben als sich hinzugeben: War es das, was Sie wirklich, wirklich wollten?

Die Fragen sind:

- Wo führt das wirklich, wirklich hin?
- Was hätten Sie denn wirklich, wirklich gerne?
- Was brauchen Sie dafür?
- Was müssen Sie dafür noch lernen?
- Wie können Sie das lernen?
- Wie lange werden Sie dafür brauchen?

Mein Streitthema – dein Streitthema

Ein beliebtes Verwirrspiel im Streit oder kurz davor ist die Vermischung verschiedener Themen. Er: „Ich finde es blöd, dass wir so selten Sex haben." Darauf sie: „Und ich finde es blöd, dass du immer so spät von der Arbeit kommst." Wahrscheinlich sind beide Themen wichtig, aber in diesem Pingpong-Modus wird keines von beiden den ihm gebührenden Platz bekommen. Hier können Sie über das Meta-Prinzip Raum für beide Themen schaffen: „Ich wollte eigentlich zuerst über den wenigen Sex sprechen, jetzt hast du noch ein anderes Thema eingebracht; welches sollen wir zuerst besprechen?" Zum Einstieg in die Meta-Ebene können Sie die Zwei-Mal-zehn-Atemzüge-Technik anwenden.

Der Mann in diesem Beispiel sollte sich fragen, ob er nur ein wenig meckern oder ob er seinen Sexfrust wirklich besprechen und gemeinsam mit seiner Partnerin lösen möchte. Für die Frau ist die Frage interessant, warum sie ihr Thema nicht von sich aus einbringt, sondern als Replik.

Wie ist das bei Ihnen?

- Kann Ihr Partner Themen gut trennen?
- Können Sie Themen gut trennen?
- Kann Ihr Partner Sie gut zu einem Pingpong-Streit verführen?
- Können Sie Ihren Partner gut zum Streit verführen?

Dein Problem – mein Problem – unser Problem?

Sie stehen sich gegenüber und streiten. Sie zeigen mit dem Finger aufeinander. Sie beschuldigen sich gegenseitig. Sie machen einander Vorwürfe. Der Partner sei jeweils schuld an der schlechten Stimmung, am schlechten Sex, an den lauten Kindern. Er versteht Sie nicht. Er hört nicht zu. Er vergisst oder ignoriert immer alle Absprachen.

Genauer gesagt: Wenn Ihr Partner sich ändern würde, ginge es Ihnen deutlich besser. Sie haben ja nur schlechte Laune, weil er es nicht richtig macht. Der Partner soll die Dinge ändern, er hat die Probleme mit den Dingen. Sie haben die Probleme nur durch die Unfähigkeit Ihres Partners. Manche Menschen haben dazu noch die tiefe innere Überzeugung, dass sie – trotz langjähriger Partnerschaft – am Ende doch alleine für alles zuständig sind.

Wenn man es noch weiter zuspitzt, sind Sie den Launen Ihres Partners ausgeliefert. Er hat offenbar eine Fernbedienung für Ihre Stimmung. Wenn er Mist baut, geht es Ihnen schlecht, wenn er es in Ihrem Sinne macht, geht es Ihnen gut.

Nicht ganz so zugespitzt kann man sagen, dass es bei den allermeisten Problemen Ihrer beider Sache ist, die Dinge so lange und so klar zu besprechen, bis Sie sicher sind, dass Ihr Partner Ihre Position verstanden hat.

Stellen Sie sich jetzt vor, Sie würden *gemeinsam* auf ein Problem blicken:

- Wäre es für Sie verlockend, auf unterschwellige Schuldzuweisungen zu verzichten?
- Wäre es für Sie verlockend, Ihren Teil der Verantwortung zu übernehmen?
- Wäre es für Sie verlockend, gemeinsam Lösungen zu finden, in denen sich beide ausreichend gewürdigt fühlen?

Experiment:

- Gehen Sie heute noch zu Ihrem Partner und verraten Sie ihm, bei welchen Themen Sie sich gerne aus der Verantwortung stehlen.

Inneres und äußeres Gefühl

Wenn Ihnen jemand auf den Fuß tritt, erleben Sie zwei Reaktionen in sich. Erstens tut es Ihnen weh, und zweitens werden Sie böse und schubsen den anderen weg. Die meisten Menschen äußern dabei nur *ein* Gefühl: sie schimpfen. Der Schmerz bleibt innen und wird nicht vermittelt.

Genauso haben Sie im Streit mit Ihrem Partner diese beiden Gefühlsseiten. Innen sind Sie gekränkt, außen ziehen Sie Ihre Mauern hoch und werfen mit „Kokosnüssen". Sie entscheiden sich in Sekundenschnelle, das innere Gefühl – die Kränkung, den Schmerz, die Einsamkeit – nicht zu äußern.

Der Reflex ist ganz normal. Ein Ereignis tut Ihnen weh, und Sie versuchen, die Ursachen dieses Schmerzes von sich wegzustoßen. Wann, wie und ob Sie diese inneren Gefühle mitteilen, bleibt Ihre persönliche Entscheidung. Um diese Entscheidung treffen zu können, müssen Sie sich diese inneren Gefühle und Ihren Umgang damit bewusst machen.

- Können Sie den Moment bemerken, in dem Sie sich entscheiden, zu meckern und den Schmerz für sich zu behalten?
- Was würde passieren, wenn Sie von Ihrem inneren Gefühl sprächen?
- Was löst es in Ihnen aus, wenn Ihr Partner nicht nur meckert, sondern auch sein inneres Gefühl offenbart?

Experiment:

- Gehen Sie barfuß ein paar Runden durch den Raum. Gehen Sie sehr langsam und achten Sie dabei auf den Boden unter Ihren Füßen.

Schutzhaltung – Abwehrhaltung

Wir alle haben eine spezielle Art, unsere weichen und offenen Anteile zu schützen. Innerlich haben wir Angst vor erneuten Verletzungen, nach außen zeigen wir eine Schutzreaktion. Dabei ist es nicht so wichtig, ob eine reale Verletzung durch den Partner droht oder ob wir auf ein altes inneres Flüstern hören. In einer Beziehungskrise ist es meist eine Mischung aus beidem. Oft wird diese Schutzhaltung vom Partner als eine feindliche Abwehrhaltung gedeutet.

Es gibt sehr verschiedene Arten, sich zu schützen. Die Bandbreite reicht von Sich-so-weit-innerlich-Zurückziehen, dass Sie Ihren eigenen Schmerz und Ärger nicht einmal mehr selbst bemerken, über Verschlossenheit bis hin zu höchst aggressivem Auftreten. All diese Verhaltensweisen dienen dazu, etwas in Ihnen zu schützen, und alle bewirken auch, dass Sie damit einen tieferen, wesensnahen Kontakt behindern. Um auf Ihren Partner zugehen zu können, ist es sinnvoll, dass Sie sich Ihrer Schutzmechanismen bewusst werden und diese als einen wirksamen Teil Ihrer Innenwelt anerkennen und annehmen. Wenn Sie sich bewusst schützen, können Sie diesen Schutz auch bewusst so modifizieren, dass er nicht mehr zu schmerzhaften Beziehungsabbrüchen führen muss. Aus einer eher hilflosen Abwehr wird so ein der Situation angemessener Schutz. Solch ein lebendiger Schutz ist eine gute Voraussetzung für tiefe Begegnung und Geborgenheit in Ihrer Partnerschaft.

Wie gestalten Sie Ihre persönliche Schutzhaltung?

> Schweigen Sie? Werden Sie laut? Wenden Sie sich ab? Wechseln Sie das Thema? Bleiben Sie betont neutral? Werden Sie oberflächlich freundlich, sind innerlich aber unerreichbar? Wieviel Zeit verbringen Sie in dieser Festung? Wenige Minuten oder mehrere Tage?

Wie drücken Sie diese Schutz- und Abwehrhaltung körperlich aus?

Rollen Sie die Augen? Verschränken Sie Ihre Arme vor der Brust? Richten Sie sich auf und sprechen von oben herab? Wie verändert sich Ihre Stimmlage? Spannen Sie Ihren Kehlkopf an? Atmen Sie flacher? Straffen Sie Ihren Rücken? Was passiert in Ihrem Becken und mit Ihren Genitalien?

Was möchten Sie an Ihrer Schutzhaltung verändern, und wie wäre Ihre ideale Schutzhaltung?

Experiment:

- Lassen Sie sich heute noch von Ihrem Partner beschreiben, woran er Ihre Schutzhaltung erkennt.
- Bedanken Sie sich für diese Erklärung.

Sie sind mehr als Ihre Handlungen

„Du bist unmöglich!"

„Du nervst!"

„Du bist immer so depressiv!"

„Du bist immer so grob!"

„Nie möchtest Du Sex!"

Die *Du-bist*-Botschaft - am besten noch mit *immer* oder *nie* kombiniert - ist ein starkes Gift. Der andere *benimmt* sich nicht nur nervig oder *hat* Depressionen, sondern wird durch die *Du-bist*-Botschaft mit seinen Handlungen gleichgesetzt. Sie sehen für diesen Moment übergroß dieses eine Detail. Verloren geht dabei Ihr Blick auf den Wesenskern und die Vielschichtigkeit Ihres Gegenübers. In einer zugespitzten Situation fokussieren Sie auf eine Handlung oder einen Zustand Ihres Partners, den Sie als sehr störend empfinden. Sie spitzen das Bild so zu, weil Sie möchten, dass er versteht, was Sie meinen. Für den Moment entsteht scheinbar tatsächlich die Aussage: „Du, dein ganzes Wesen, alles, was du bist, ist so". Viele Angegriffene hören auch noch den unausgesprochenen Satz: „Und ich möchte, dass Du das endlich zugibst!" Der von Ihnen überspitzte Ärger über eine bestimmte Verhaltensweise wird damit leicht als Generalangriff erlebt. Zu Recht wird sich ein so Angegriffener mit allen Mitteln verteidigen. Warum sollte er auch nur die kleinste Schwäche zugeben oder bei einem Detail einlenken, wenn er damit ja zugeben würde, dass er in seiner ganzen Person so nervig, so unmöglich, so depressiv oder so grob ist?

Es ist Sache des Vorwerfenden, seine Unzufriedenheit so auszudrücken, dass sein Partner sie annehmen kann. Es ist Sache des Angegriffenen, hier sein Augenmaß zu wahren. Wenn mich mein Partner liebt, wir seit einigen Jahren zusammenleben und vielleicht Kinder haben, wie komme ich denn auf die Idee, dass er mich jetzt plötzlich im Ganzen in Frage stellen möchte? Was könnte er stattdessen meinen?

Vielleicht finden Sie hier ein Türchen zu einem tieferliegenden Misstrauen, vielleicht gibt es in Ihrem Kopf ganz hinten eine leise Frage: „Liebt er mich denn wirklich, wirklich, wenn er so mit mir umgeht?" Und im Eifer des Gefechts kommt es nicht selten vor, dass ein zweites Stimmchen böse unkt: „Siehst du, jetzt zeigt er, was er wirklich denkt!"

Die Zweifel, ob Sie wirklich, wirklich geliebt werden, nagen oft an den Stellen, an denen Ihr Partner Sie nicht gut genug kennt - an Persönlichkeitsschichten, die Sie, vielleicht aus Scham, noch nicht genug mit ihm besucht haben. Manche dieser Schichten sind Ihnen vielleicht noch unheimlich, und Sie müssen ein wenig so tun, als gäbe es sie nicht.

Experiment:

- Sprechen Sie mit Ihrem Partner heute noch über einen Streit, in dem Sie sich so existenziell angegriffen gefühlt haben.
- Sprechen Sie mit Ihrem Partner heute noch über einen Streit, in dem Sie ihn so überspitzt angegriffen haben.

Wenn Sie in unterschiedlichen Welten leben

Gehen Sie nicht davon aus, dass Ihr Partner Ereignisse so sieht, erlebt, interpretiert und erinnert, wie Sie das tun. In meiner Praxis erlebe ich immer wieder Paare, die sogar Begebenheiten, die nur wenige Tage zurückliegen, stark unterschiedlich erinnern. Wer wann was wo gesagt hat, ob vor den Kindern oder in ihrer Abwesenheit, ob als laute Erwiderung oder schon zwei Tage davor, lässt sich manchmal nicht mehr rekonstruieren. Besonders wenn Sie schon lange in latentem Streit oder sogar in Trennung leben, ist Ihr Stresspegel so hoch, dass Sie manches einfach übersehen oder falsch zuordnen. Wenn Sie keine gemeinsame Erinnerung herstellen können, nützt jeder Streit und Vorwurf zu diesen

Situationen wenig. Eine Hilfestellung dazu finden Sie im Abschnitt: *Quittung abholen.*

Die meisten Paare sind sich weitgehend über Inhalt und Zeitpunkt einig. Die Differenz besteht in der emotionalen Bewertung des Gehörten oder Gesehenen. Viele Paare machen sich nicht bewusst, dass sie Worte, Blicke und Gesten emotional unterschiedlich auslegen. Missverständnisse entstehen, wenn Sie oder Ihr Partner aus dem, was Sie meinen verstanden zu haben, Konsequenzen ziehen, ohne darüber zu sprechen. An dieser Stelle gibt es drei verbreitete Verhaltensweisen:

Der heimliche freundliche Kompromiss. Sie versuchen, Ihr eigenes Bedürfnis mit dem vermeintlich verstandenen Bedürfnis Ihres Partners in einem Kompromiss zu vereinen. Sie versuchen sich einem Bedürfnis Ihres Partners anzupassen, das er eventuell gar nicht hat. Vielleicht kennen Sie die Geschichte von dem Mann, der dreißig Jahre lang immer die obere Brötchenhälfte aß, obwohl er diese nicht besonders mochte. Er machte das nur, weil er dachte, seine Frau würde die untere Hälfte lieber mögen. Seine Frau indessen mochte die obere viel lieber, Sie aß die untere nur ihm zuliebe.

Abgelehnt und unverstanden. Sie fühlen sich diffus unverstanden und abgelehnt. Hier beginnen Sie sich fein aus der Verbindung zu ziehen. Sie treten einen halbbewussten Schritt zurück in Ihre innere Burg und verschließen ein wenig Ihr Herz. Wenn Ihr Partner aufmerksam genug ist, bemerkt er eine kleine Änderung in Ihrer Körperspannung oder ein leichtes Zögern in Ihrer Stimme.

Sie greifen an. Ihre Interpretation dessen, was Ihr Partner sagt und will, empört Sie so sehr, dass Sie ihn für seine Äußerung angreifen. Das Gute an dieser Variante ist, dass so Ihr Missverständnis schnell sichtbar werden kann.

Wie ist das bei Ihnen? Machen Sie gerne heimliche Kompromisse? Ziehen Sie sich lieber leise in sich zurück? Oder greifen Sie Ihren Partner – vielleicht auch ungerechtfertigt – erst einmal an?

Experiment:

- Sprechen Sie heute noch mit Ihrem Partner über einen vermuteten heimlichen Kompromiss.

Gefangen in der schnellen Verantwortung

Ihr Partner möchte etwas von Ihnen, und wie von Zauberhand fühlen Sie sich plötzlich dafür zuständig. Dabei ist es egal, ob es sich um kleine Dinge handelt, wie z. B. den Zucker aus der Küche mitzubringen, oder um so Grundsätzliches wie einen anderen Wohnort oder Kinder. Diese Art von Verantwortungsübernahme geschieht sehr schnell und erst einmal dicht unter der Wahrnehmungsgrenze. Plötzlich haben Sie da ein „Ding“ in Ihrer Innenwelt, für das Sie sich nicht entschieden haben und für das Sie dennoch zuständig sein sollen. Halbbewusst stört es wie ein Steinchen im Schuh oder leicht kalte Füße im Schlaf. Es verursacht Ihnen ein undeutliches Gefühl, unter Druck zu stehen. Oft ist diese Verantwortungsübernahme verknüpft mit hintergründigen Schuldgefühlen: „Jetzt bin ich schon so wenig zuhause, da kann ich wenigstens die Kinder noch schnell zum Sport fahren.“ – „Jetzt mach ich schon so wenig Sex, da kann ich mir ja wenigstens einmal im Monat einen Ruck geben.“ – „Mein Partner braucht das, da muss ich sehen, wie ich damit zurechtkomme." Wahrscheinlich werden auch Muster aus Ihrer Kindheit stimuliert. Wenn Sie z. B. eine leicht depressive Mutter, einen zurückgezogenen Vater oder ein Geschwisterkind hatten, das aufgrund einer längeren Erkrankung sehr viel Zuwendung brauchte, übernahmen Sie in Ihrer Familie ganz automatisch und auch ganz liebevoll zu viel Verantwortung – und tun dies vielleicht auch jetzt in Ihrer Liebesbeziehung.

Wenn dies eintritt, werden Sie nach außen wahrscheinlich mit leichtem Unwillen, Rückzug oder indirekten Vorwürfen reagieren. Das unangenehme Gefühl entsteht aus den Aufgaben, die Sie plötzlich zusätzlich auf Ihrem Zettel haben, ohne zu wissen, wie Sie sich dagegen wehren können. Sie fühlen sich unter Druck, und Sie fühlen sich gefangen.

Was würde passieren, wenn Sie Ihrem Partner von Ihrem Druck und Ihrer Verantwortungsübernahme erzählen würden?

Wahrscheinlich würden Sie sich höchstens kurz streiten. Wahrscheinlich würden Sie die gemeinsamen Aufgaben gerechter verteilen und solche Dinge wie „mehr Sex", „sauberes Bad" und „Wer bringt den Zucker mit?" gemeinschaftlich besprechen. Vielleicht würden Sie bemerken, dass Ihr Partner mehr Verantwortung tragen kann, als Sie ihm zugetraut haben. Und vielleicht interessiert sich Ihr Partner sogar dafür, warum Sie so schnell in die Verantwortung gehen.

Hier drei Fragen, die Ihnen helfen können, mit diesen „Dingen" umzugehen, für die Sie sich plötzlich zuständig fühlen:

- Bin wirklich *ich* dafür zuständig?
- Wenn ja, muss es dann *jetzt* sein?
- Wenn ja, wie kann ich diese Verabredung *ändern*?

Experiment:

- Stellen Sie sich vor, Ihr Partner und Sie könnten einen Tag lang gegenseitig Ihre Gedanken lesen und wüssten somit wirklich, wirklich alles voneinander.
- Was würde das für Ihre Beziehungskrise bedeuten?

Über das tägliche Miteinander-Sprechen

Was auch immer Sie zusammen erleben oder welche Gefühle und Gedanken in Ihnen aufsteigen, das Miteinander-Sprechen ist ein zentrales Schmiermittel in der Liebe. Egal, was Sie angestellt haben, fühlen oder sich wünschen, sprechen Sie darüber! Sprechen erleichtert, Sprechen verbindet, Sprechen stellt klar. Hier ist eine Sammlung von Kommunikationsstrategien und Hinweisen. Wie immer ist keine für alle Situationen brauchbar. Gewaltfreies, einfühlsames, vorsichtiges Erklären braucht genauso seinen Platz wie wütende Zurückweisung. Die Meta-Ebene ist eine zentrale Hilfe für Struktur und inhaltliches Verstehen, für Liebeserklärungen dagegen ist sie gänzlich ungeeignet. Ihre Stärken entwickeln die Methoden über die Vielfalt.

Das Gespräch auf der Meta-Ebene

Grundlegend für das Meta-Gespräch ist Ihre Fähigkeit, aus dem aktuellen emotionalen Fluss ein Stück herauszutreten und die Rolle des wohlwollenden Beobachters einzunehmen. Alle Kommunikationstechniken beruhen auf diesem ersten Schritt, in dem Sie Ihre Wahrnehmung und Ihre Innenwelt ein Stück losgelöst von der dazugehörigen Erregung beschreiben.

Im Meta-Gespräch versuchen Sie, auf einer übergeordneten Ebene miteinander zu sprechen. Sie besprechen hier nicht den aktuellen Inhalt, sondern Ihr gemeinsames Umgehen damit. Sie besprechen sozusagen die Geschäftsordnung Ihrer Liebe.

Typische Themen sind:

- In welcher Art sprechen Sie miteinander (Redezeit usw.)?
- Wie einigen Sie sich über Reihenfolge und Schwerpunkte?
- Wie treffen Sie Verabredungen?
- Wie ändern Sie Verabredungen?
- Trennen Sie zwischen Gefühl und Inhalt?
- Wie strukturieren Sie Ihre Meinungsverschiedenheiten?

Wenn Sie im Gespräch mit Ihrem Partner das Gefühl bekommen, dass sich ein Missverständnis einschleicht oder Sie sich auf der *Beziehungs*ebene abgelehnt oder gekränkt fühlen, bietet der Sprung auf die Meta-Ebene eine gute Möglichkeit, das Gespräch wieder einzufangen.

„Reden wir jetzt eigentlich gerade über die Organisation der Kinder morgen früh, oder reden wir über deinen Ärger, dass der Tag morgen so eng wird? Und willst du sagen, dass ich daran schuld bin? Worüber möchtest du zuerst sprechen? Ich möchte jetzt erst einmal über die Kinder-Orga sprechen." Oder: „Ich sehe, dass wir uns da wieder missverstanden haben. Was können wir tun, damit wir uns an dieser Stelle nicht wieder missverstehen?" Mit Sätzen dieser Art bieten Sie Ihrem Partner an, die Dinge in kleinere Happen zu zerlegen und eine übergeordnete Sicht einzunehmen. Dazu braucht es eine gewisse Übung und die Fähigkeit, innerlich ein Stück zurückzutreten. Der Beobachter aus der Achtsamkeit ist hier ein willkommener Helfer.

Die Eigenschaft der Meta-Ebene, etwas emotionsloser zu sein, ist für Strukturbildung und Lösungssuche sehr hilfreich. Ihre Falle für die Liebe besteht darin, dass sie dazu benutzt werden kann, über „pure Logik“ auf eine unpersönliche Art recht zu bekommen. Sie zielt dann über den Intellekt auf die Unterwerfung des Partners und verhindert eine Begegnung und damit auch eine gemeinsame Lösung. Ein Meta-Gespräch sollte auch die Frage behandeln: „Und was machen wir mit dem ganzen Ärger und der Unzufriedenheit, die wir wieder mal erzeugt haben?“

Experiment:

- Reiben Sie Ihre Hände aneinander, bis sie warm sind, und legen Sie sich die warmen Handballen auf Ihre geschlossenen Augen. Genießen Sie die Wärme.

Das eigene Bedürfnis zeigen

In vielen Streits geht es hoch her und schnell vom „Hölzchen aufs Stöckchen“. Ein *Du bist ...* jagt das andere, ein Vorwurf den nächsten. Neben hoher Geschwindigkeit und einem Übermaß an Themen verfallen viele Streitende darin, dem anderen zu erklären, was er falsch macht und wie es richtig wäre. Was er fühlt und warum er – wieder mal – das Falsche fühlt. „Du bist nie zuhause!“ – „Nie willst Du Sex mit mir!“ – „Nie hörst Du mir zu!“ sind klassische Vorwürfe. Im Kopf des Angegriffenen entstehen dabei Sätze wie: „Du sollst zuhause sein“ – „Du sollst Sex mit mir machen!“ – „Du sollst mir zuhören!“–, vielleicht sogar noch ein leises: „Du bist eigentlich falsch!“ Eine abwehrende Reaktion ist hier sehr wahrscheinlich. Der andere soll sich unterwerfen und Nähe, Sex und Gespräch liefern.

Wie ist das bei Ihnen? Was würde passieren, wenn Sie anstelle der Vorwürfe Ihre Bedürfnisse aussprechen würden? Aus: „Du bist nie zuhause!“ würde dann: „Ich bin oft einsam hier.“ Aus: „Nie willst du Sex mit mir!“ würde dann: „Ich finde dich rattenscharf!“ Aus: „Du sollst mir zuhören!“ würde dann: „Ich möchte dir etwas von mir erzählen.“ Aus dem – nur im Kopf gehörten – Satz: „Du bist eigentlich falsch!“ würde dann wahrscheinlich: „Du bist wichtig für mich!“

Sprechen Sie die Satzpaare einmal laut aus und lauschen Sie auf Ihre innere Reaktion.

Wenn Sie Ihre Bedürfnisse äußern und nicht versuchen, Befehle zu erteilen, können Sie herausfinden, welche Wünsche Sie sich wirklich gegenseitig erfüllen möchten. Dazu müssten Sie das Wagnis eingehen, sich mit Ihrem Bedürfnis ein „bisschen nackt“ vor Ihren Partner zu stellen. Es könnte sein, dass Sie ein Bedürfnis nicht erfüllt bekommen. Vielleicht befürchten Sie insgeheim, dass Sie Ihren Partner mehr brauchen als er Sie? Vielleicht befürchten Sie, dass Ihr Partner Sie wegen Ihres Bedürfnisses oder Ihrer „Schwäche“ verachtet? Vielleicht befürchten Sie, dass er Ihre Blöße nutzen wird, um sich zu rächen? Manche Partner sind auch so sehr an ein gehörtes, leises „Du bist falsch!“ gewöhnt, dass sie ein „Du bist wichtig für mich!“ nur schwer annehmen können.

Wenn Sie Ihre Bedürfnisse zeigen, können Sie in ein Gespräch über Ihre Wünsche kommen und herausfinden, warum es manchmal so schwer damit wird. Sie könnten über Ihre Angst vor Vereinnahmung sprechen, über Ihre Grenzen und gegenseitigen Verpflichtungen – über die ausgesprochenen Verpflichtungen und über die nur gefühlten. Sie könnten miteinander weiter lernen, mit nicht erfüllten Bedürfnissen umzugehen. Sie würden genauer wissen, was Sie in dieser Liebesbeziehung bekommen können und was nicht.

Eine passende weiterführende Übung finden Sie unter: *Ich wünsche mir von dir ...*

Experiment:

- Gehen Sie heute noch zu Ihrem Partner und sagen Sie etwa folgenden Satz zu ihm: „Meine liebe Frau (lieber Mann), Ich möchte unsere Krise gemeinsam mit dir lösen!“ – „Ich möchte es gemeinsam mit dir lösen!“

Quittung abholen

Viel Frust und Streit entstehen durch verlorene Kommunikationsfäden. Sie sagen etwas, und Ihr Partner weiß später nichts mehr davon – oder Sie können sich nicht erinnern, dass Ihr Partner Sie zu einem Thema angesprochen hat. Im einfachen Fall entstehen diese Löcher durch Stress und zu wenig Zeit, aber auch da werden sie schnell zu einer Sammlung ungeklärter Vorwürfe, oder sie werden als innere Begründung benutzt, sich zurückzuziehen: „Nie hörst du mir zu!“ oder: „Den spreche ich nicht mehr an, der nimmt mich eh nicht ernst, der weist mich ab. Ich muss doch wieder alles alleine machen.“

Quittung abholen heißt, dass Sie darauf achten, dass Ihr Partner wirklich auf „Außenübertragung" geschaltet hat und das Gesagte wahrnimmt. *Quittung abholen* heißt, es in Ihre eigene Verantwortung zu nehmen, dass Ihr Partner bemerkt, dass er angesprochen wird. Ein typisches Beispiel ist der Partner, der am Computer sitzt und auf Ansprache mit einem unverbindlichen „Ja, ja" antwortet. Es ist aber nicht immer der Partner, der nicht zuhören möchte. Sie können Dinge auch mit so wenig Nachdruck und innerer Beteiligung sagen, dass Ihr Partner sie als nicht wirklich wichtig einstuft und sie entsprechend wenig ernst nimmt.

Quittung abholen hilft, dass es nicht zu viele verlorene Fäden werden. *Quittung abholen* hilft, den täglichen kleinen Kontakt zwischen Ihnen zu erneuern und zu erhalten.

Hier einige Regeln:

- Achten Sie auf Augenkontakt!
- Sprechen Sie klar!
- Fragen Sie nach!
- Seien Sie sich der Wichtigkeit Ihrer Mitteilung bewusst!

Sehen Sie sich dazu in einer Folge *Supernanny* an, wie dort den Eltern die Kontaktaufnahme mit den Kindern erklärt wird.

Die wiederholende Sprache

Dies ist eine einfache Technik, die auch unter dem Begriff *Aktives Zuhören* bekannt ist. Es ist eine langsame, mitunter auch etwas umständliche Art, sich zu unterhalten. Sie besteht aus vier Stufen:

- Partner A fängt an und vermittelt einen nicht zu komplexen Sachverhalt, etwa: „Dass du den Kindern das Fernsehen gestern noch erlaubt hast, hat mich geärgert. Ich möchte, dass die Kinder nach 20 Uhr nicht mehr fernsehen."
- Partner B wiederholt, was er gehört hat, bis Partner A sich inhaltlich verstanden fühlt: „Ich habe verstanden, dass du nicht willst, dass die Kinder nach 20 Uhr fernsehen, und es hat dich geärgert, dass ich es ihnen gestern abend doch erlaubt habe. Ist das richtig so?"
- Wenn Partner A einverstanden ist, reagiert Partner B nun auf zwei Ebenen.
  – *Mitteilung des eigenen Gefühls*: „Ich fühle mich von dir eingeengt." Oder: „Es tut mir leid, das hatte ich nicht bedacht."
  – *Mitteilung der eigenen Position*: „Ich finde es nicht so schlimm, wenn die Kinder abends ab und an noch etwas fernsehen."
- Jetzt wiederholt Partner A das Gehörte, bis sich beide wieder einig sind, über dasselbe zu sprechen. Dann antwortet Partner A auf den zwei oben genannten Ebenen. Der Zyklus beginnt von vorne.

Achten Sie dabei sehr genau darauf, was Sie Ihrem Partner alles mitteilen. In meiner Praxis erlebe ich es oft, dass der Sprecher eine wichtige emotionale Information gibt, die der Zuhörer beim Wiederholen vergisst. Interessant ist dabei nicht, dass der Zuhörer dies vergisst – dazu soll er ja alles wiederholen –, sondern dass auch der Sprecher selbst dies nicht bemerkt.

Sinn und gleichzeitig Schwierigkeit hierbei ist die unabhängige Wahrnehmung von Inhalt und Gefühl. Sie werden merken, wie schwer es ist, beim Inhalt zu bleiben und sich nicht über die Gefühle in die Abwehrfalle zu manövrieren. Auch werden Sie feststellen, dass Sie manchmal auf ganz andere Inhalte und auf ganz andere Gefühle reagieren wollen, als Ihr Partner Ihnen wirklich anbietet. Bleiben Sie deshalb nach Möglichkeit kleinschrittig am Thema, selbst wenn Ihnen dies zunächst etwas gekünstelt erscheint – es lohnt sich.

Experiment:

- Verändert sich etwas in Ihrem Körpergefühl, wenn Sie jetzt lächeln?

Gewaltfreie Kommunikation

Das wiederholende Sprechen ist verwandt mit der *Gewaltfreien Kommunikation* (*GFK*) nach M. B. ROSENBERG. Er zerlegt die Kommunikation in folgende Komponenten:

- Was ist passiert?
- Was löst das in mir aus?
- Was ist mein Bedürfnis?
- Was ist meine Bitte?

Noch einmal zurück zu unserem Fernsehbeispiel:

- *Was ist passiert?* Die Kinder durften lange fernsehen.
- *Was löst das in mir aus (Gefühl)?* Ich mache mir Sorgen um meine Kinder, und das Verhalten meines Mannes ärgert mich.
- *Was ist mein Bedürfnis?* Ich möchte nicht, dass unsere Kinder so lange fernsehen, und ich möchte, dass mein Mann mich ernst nimmt.
- *Was ist meine Bitte?* „Lieber Mann, ich möchte gerne mit dir eine verbindliche Regelung zu den Fernsehzeiten unserer Kinder besprechen. Und ich möchte, dass du meinen Ärger darüber ebenso ernst nimmst wie meine Fürsorge für unsere Kinder."

Diese Technik braucht zunächst einige Übung, ist aber durch ihre feste Struktur bei gut abgrenzbaren Themen sehr hilfreich. Da die *GFK* das Einfühlen in das Gegenüber erfordert, ist sie in Streitsituationen in der Liebe – bei denen es auch um Abgrenzung und aggressive Begegnung geht – weniger geeignet.

Wenn Sie sauer sind, sind Sie sauer!

Neuere Forschungsergebnisse zeigen, dass zu viel unterdrückter Ärger oder rationalisierte Ablehnung die Wahrscheinlichkeit einer Trennung erhöht. Zu schnelles Nachgeben oder der Versuch, immer freundlich und sachlich zu bleiben, können dazu führen, dass Ihnen Ihr Partner zunehmend übermächtig erscheint. Weiterhin steht der Versuch, immer freundlich und sachlich zu bleiben, unter dem dringenden Verdacht, Bluthochdruck zu verursachen.

Wenn Sie sauer sind, sind Sie sauer!

Da nützt ein: „Du Schatz, ich fühle einen Ärger in mir aufsteigen, weil du nicht an unsere Verabredung gedacht hast." nicht viel.

Wenn Sie sauer sind, sind Sie erst einmal sauer!

Sie dürfen das fühlen. Sie dürfen das ausdrücken. Ihre Wut und Ihr Ärger sollen auch für Ihren Partner sicht- und fühlbar werden. Genau so, wie es Unsinn ist, Liebeserklärungen sachlich auszudrücken – „Schatz, es müsste dir doch bewusst sein, dass ich deutliche Liebesgefühle für dich hege." –, ist es Unsinn, die aggressiven und trennenden Gefühle wie Ärger und Enttäuschung übermäßig zu versachlichen oder zu verschweigen. Alle Gefühle haben ihre Berechtigung und brauchen es, wahrgenommen, gelebt und ausgedrückt zu werden. Auch die aggressive Begegnung ist eine Begegnung. Viele weiche Begegnungen finden nicht statt, weil eine davor notwendige Auseinandersetzung nicht gelebt wurde.

Lautes, aggressives Ansprechen des Partners erfüllt verschiedene Zwecke:

– Sie werden laut, um sich Ihren eigenen inneren Raum zu sichern. Sie erlauben sich damit, zu fühlen, was Sie fühlen, und sich vor sich selbst zu zeigen:

„Ich bin auch da!"

„Ich werde meine Wünsche und Gefühle ernst nehmen!"

„Mit mir muss mein Partner rechnen!"

– Sie werden laut, um Ihren äußeren Raum innerhalb des Streits zu erhalten, z. B. bei der Redezeitverteilung.

– Sie werden, erstaunlicherweise auch laut, um die Schutzhaltung Ihres Partners zu durchdringen und ihm zu begegnen:

„Hör mir endlich zu!"

„Lass meine Meinung und meine Wünsche zu dir durchdringen!"

„Lass meine Gefühle, meinen Ärger und auch meine Liebe zu dir durchdringen!"

„Ich möchte das Gefühl bekommen, wichtig für dich zu sein!"

Solange Ihr Zorn aus diesen Sätzen gespeist wird, hilft er Ihnen, das konkrete Problem produktiv anzugehen. In diesem Modus bleiben Sie so lange zornig, bis Sie das Gefühl haben, Ihren Partner wirklich persönlich erreicht zu haben. Die durch den Zorn entstehende Differenzierung hilft Ihnen, sich Ihrem eigenen Wesen wieder näher zu fühlen. Sie schärfen Ihre Standpunkte und können unglückliche Kompromisse und unbedacht eingeschliffene Verhaltensweisen aufdecken und neu absprechen.

Etwas anderes bedeutet es, wenn Sie mit dem Zorn Ihren Partner von sich wegtreiben oder ihn kleinmachen wollen. Jetzt deutet der Zorn auf ein verborgenes Problem hinter dem eigentlichen Streitthema hin. Es könnte z. B. sein, dass Sie sich selber eher als klein und unwichtig empfinden und deshalb Ihren Partner erst einmal auf Ihre eigene vermeintliche Größe zurechtstutzen wollen. Dieser Zorn kann auch ein Gefühl von Ohnmacht und Abhängigkeit ausdrücken. Besonders bei jungen Familien, die mit dem ersten Kind beschäftigt sind, vielleicht gerade eine gemeinsame Wohnung gekauft haben usw., kann sich ein starkes Gefühl einstellen, von dem anderen, dem Kind oder den ökonomischen Verhältnissen abhängig zu sein. Solche Gefühle sind normal, können aber eine vernichtende Kraft entwickeln, wenn sie nicht wahrgenommen und ausreichend angesprochen werden. Die Inhalte dieses Zorns sind stark verallgemeinernd und eher vernichtend.

Typische Sätze lauten:

„Du bist zu blöd dafür!"

„Du willst mich nur kleinmachen!"

„Das bildest du dir alles nur ein!"

„Du bist doch krank!"

„Ich trenne mich von dir!"

Wenn Sie immer wieder in diese Aggression kommen, sollten Sie aufhorchen. Sie ist ein Hinweis darauf, dass es mit Ihrer Beziehungskrise wirklich ernst ist. Wenn Sie Ihnen nicht gelingt, diese Aggression einzufangen, wird Ihre Beziehung wahrscheinlich scheitern. Sie werden über die Ängste und Sehnsüchte hinter diesem immensen Zorn miteinander sprechen müssen. Oft geht es hier ohne professionelle Hilfe nicht weiter.

Wut und Zorn innerlich zuzulassen und in begrenztem Umfang auch miteinander auszuleben, ist nötig und richtig. Entweder entsteht daraus ein reinigendes Gewitter, das Ihrer Liebesbeziehung den Himmel wieder freibläst, oder Sie erfahren etwas über wirklich tiefe Nöte und Unmöglichkeiten in sich oder Ihrem Partner.

Genau so wichtig ist die gemeinsame Reflexion über Ihren Zorn. Sprechen Sie darüber:

- Fällt es Ihnen leicht, Ihren Zorn zu leben?
- Könnte Ihr Partner ruhig öfters etwas heftiger werden?
- Überfordern Sie Ihren Partner mit Ihrem Zorn?
- Überfordert Ihr Partner Sie?
- Kommen Sie oft in den vernichtenden Bereich?
- Wissen Sie, welche Ängste dahinterstecken?
- Trauen Sie sich, Ihrem Partner diese Ängste mitzuteilen?
- Haben Sie Stoppzeichen vereinbart? Gibt es eine „No-Go"-Liste?

Ein Paar in meiner Praxis, das sich zu harmonisch empfand, zu sehr darauf bedacht, die zornigen Gefühle zu vermeiden, fand folgenden Satz für sich: „Wir müssen lernen, mehr aufeinander loszugehen."

Experiment:

- Verändert sich etwas in Ihrem Körpergefühl, wenn Sie sich jetzt kurz in die Mitte Ihres Zimmers stellen und einige Male heftig aufstampfen?

Die Und-Sprache

Die Und-Sprache ist ein spielerischer Umgang mit den Wörtern *aber* und *und.* Besonders in einem angespannten Gespräch werden Beziehungsaussagen und verhandelte Inhalte gerne in einen Satz gepackt, also: „Ja, ich habe mich für dich entschieden, *aber* das mit unserem Wohnort geht nicht für mich." Versuchen Sie einmal in einem solchen Gespräch alle *aber* durch *und* zu ersetzen, also: „Ja, ich habe mich für dich entschieden, *und* das mit unserem Wohnort geht nicht für mich." Wenn Sie diese beiden Varianten laut aussprechen, werden Sie den Unterschied sofort bemerken. Das *aber* trennt und ruft potenziell Widerspruch hervor. Derselbe Satz mit einem *und* lädt ein, das Problem gemeinsam zu lösen.

Probieren Sie es aus.

Experiment:

- Schließen Sie die Augen und versuchen Sie, Ihren rechten Fuß und Ihren linken Fuß und Ihre rechte Hand und Ihre linke Hand gleichzeitig zu spüren.

Die indirekte Kommunikation

Manchmal sind beide Partner innerlich so vorgespannt, dass allein das Ansprechen eines bestimmten Themas schon zu Streit führt. Die körperliche Präsenz, der Augenkontakt, die Stimmlage, der mühevoll unterdrückte Ärger oder lauernde

Schuldgefühle bringen beide schnell in ihre Abwehrhaltung. Eine gemeinsame Betrachtung und Wiederannäherung scheint kaum möglich. Ein gutes Hilfsmittel ist es hier, über indirekte Medien zu kommunizieren:

- Schreiben Sie einen Brief oder eine Postkarte an Ihren Partner.
- Malen Sie ein Bild.
- Senden Sie eine E-Mail.
- Drücken Sie Ihre Gefühlslage mithilfe einer kleinen hölzernen Gliederpuppe (IKEA) aus.
- Stellen Sie für Ihren Partner den momentanen Zustand Ihrer Beziehung mit Kuscheltieren dar (Was, Sie haben keine Kuscheltiere?).

Die indirekte Ansprache erlaubt Ihnen, beim Formulieren in sich zu lauschen, was Sie wirklich, wirklich mitteilen und erreichen wollen. Sie können den Text hin und her wenden, bis Sie das Gefühl haben, dass er sowohl Ihrem Ärger, Ihrer Enttäuschung und Ihren Wünschen als auch den Möglichkeiten Ihres Partners, Ihnen zuzuhören, gerecht wird. Allein dadurch, dass Sie wissen, dass z. B. der Brief erst morgen ankommt, werden Sie ihn anders verfassen. Ein Brief ist nicht ohne Risiko, denn es steht dort schwarz auf weiß, was Sie meinen. Sie machen sich damit angreifbarer und auch sichtbarer.

Das ganze Gespräch wird durch die Postlaufzeit und die Bedenkzeiten sehr verlangsamt. Für den Empfänger besteht dadurch die Möglichkeit, sich dem Inhalt und den eigenen Gefühlen dazu langsam anzunähern. Er kann seine Reaktionsmuster beobachten und, wenn nötig, „zur Ordnung rufen". Er hat Zeit, zu überlegen, was er wirklich, wirklich antworten möchte und was er mit dieser Antwort wirklich,

wirklich erreichen möchte. Beide Partner haben so die Möglichkeit, ihre Bedürfnisse genauer zu spüren und – bei Bedarf – eine vorsichtige Wiederannäherung einzuleiten.

Ein zweiter Vorteil liegt darin, dass einzelne Themen aus dem Alltagsgeschäft ausgeklammert werden können. Das schwierige Thema findet eine Zeitlang seine Bearbeitung im Brief- oder E-Mail-Kontakt und stört nicht länger als dunkle Wolke das Alltagsleben. Dies ist bei einer hohen Alltagsbelastung (kleine Kinder, Hausbau, sonstige Umbrüche) sehr empfehlenswert.

Die indirekte Kommunikation ist nicht nur für Streitthemen eine Alternative, sondern auch für angst- und schambesetzte Themen. Ein Paar berichtete, dass sie ihre sexuellen Wünsche und Verabredungen eine Zeitlang nur über E-Mail gestaltet haben, obwohl sie dabei oft an demselben Schreibtisch saßen. Sie konnten auf diese Art ihre „peinlicheren" sexuellen Wünsche und Gefühle besser miteinander teilen.

Sprechen ohne Augenkontakt

Eine abgeschwächte Form der indirekten Kommunikation ist das Gespräch ohne Augenkontakt. Es ist ein Mittel, die aktuelle Situation zu entschärfen. Wir Menschen sind „Augentiere"; wir vermitteln, überprüfen, erlauben und verbieten sehr viel über unsere Blicke. Manche Menschen sind in ihrer Kindheit nur durch den drohenden Blick der Eltern „erzogen" worden. Im 18. Jahrhundert noch durften in Japan Adlige jeden einfachen Mann töten, der ihnen zu lange in die Augen schaute. Gehen Sie einmal mit Sonnenbrille spazieren; Sie werden bemerken, wie anders die Menschen auf Sie reagieren, weil das Moment des Augenkontakts fehlt. Auch die Begriffe *auf Augenhöhe sein* und *der Augenblick* deuten auf das Besondere des Augenkontakts hin. Wenn Sie in einen Kinderwagen schauen, werden Sie wahrscheinlich Ihre Augen weit aufreißen und Ihre Augenbrauen hochziehen. Babys reagieren auf diesen Augengruß. So sind im Augenkontakt auch Liebe und Zuneigung und ein Weg sich im Anderen zu verlieren. Die Augen sind ein Tor zur Seele. Aber ein Blick kann auch Bedrohung und Zurechtweisung oder Erinnerung an unerfüllte Sehnsüchte und Schmerz sein.

Probieren Sie es aus: Führen Sie mit geschlossenen Augen ein Gespräch mit Ihrem Partner. Sie werden bemerken, wie Ihnen die direkte Rückkopplung über den Blick fehlt und Sie andere Kanäle, z. B. die Geräusche Ihres Partners, suchen. Vielleicht fühlen Sie sich sogar ein bisschen haltlos. Gleichzeitig werden Sie feststellen, dass Sie in Ihrem Inneren mehr Platz für Ihre eigenen Wünsche und Ansichten behalten.

Zugewandt – abgewandt

Eine weitere Möglichkeit, die Intensität und Richtung eines Gesprächs zu steuern, ist Ihre körperliche Haltung zueinander. Sind Sie im Gespräch einander zugewandt, werden Sie sich in allen Inhalten stärker aufeinander beziehen. Dies unterstützt in einer romantischen Situation die gesuchte Intimität; im Streit dagegen kann diese Exklusivität eine Falle sein. Sie verführt dazu, ein Problem mit der Person des Partners zu vermischen. Und sie verführt dazu, Lösungen nur innerhalb der gemeinsamen Gedankengänge zu suchen. Sie versperrt Ihnen den Blick über den Tellerrand.

Wenn Sie einander gegenüberstehen, lautet ein häufiges inneres Flüstern: „Du bist mein Problem – ich habe ein Problem mit dir.“ Wenn Sie einander den Rücken zukehren, flüstert es: „Ich habe ein Problem – und du bist gerade nicht da.“ Wenn Sie sich nebeneinanderstellen, hören Sie ganz leise: „Wir haben gemeinsam ein Problem.“

Anregung:

- Beobachten Sie während eines gemeinsamen Spazierganges, wie Sie sich zwischen Zugewandtsein und eigener innerer Welt hin und her bewegen können.
- Stellen Sie während eines Gesprächs Ihre Stühle mit den Rückseiten aneinander oder nebeneinander. Wie verändert sich dadurch die Atmosphäre des Gesprächs?
- Bleiben Sie einmal im Streit in der Küche nicht frontal zueinander stehen, sondern drehen Sie sich den Rücken zu oder stellen Sie sich nebeneinander. Wie verändert sich der Streit?

Experiment:

- Sprechen Sie die folgenden Sätze zu Ihrem Partner: „Ich habe ein Problem mit dir“ und: „Da haben wir gemeinsam ein Problem.“
- Wie fühlt es sich für Sie an, und wie reagiert Ihr Partner?

Frauensprache – Männersprache

Sie: „Ich komme heute um 17 Uhr nach Hause.“

Er: „...?"

Er denkt: Habe ich einen Termin vergessen? Haben wir Hochzeitstag? Sind wir zum Sex verabredet?

Sie: „Das Wasser geht nicht mehr."

Er: „Kein Problem, ich baue eine neue Wasserleitung."

Sie: „Du verstehst mich nicht."

Er: „Wieso, das Wasser geht nicht, und ich baue eine neue Leitung, was gibt es da noch zu verstehen?"

Sie: „...?"

Es ist natürlich nicht richtig, Männern und Frauen bestimmte Kommunikationsstile fest zuzuschreiben. Dennoch gibt es im Alltag eine gewisse geschlechtsspezifische Häufung. Nennen wir es eine Art „genetisch-kulturelles Flüstern", auf das wir hören können oder auch nicht. Aber es flüstert.

Beachten Sie an dieser Stelle, dass ich ein Mann bin und mir der weibliche Blick nur aus zweiter Hand zur Verfügung steht – so wie Ihnen als Leserin mein männlicher Blick in letzter Konsequenz schwer nachvollziehbar bleiben muss. Freuen wir uns über die jeweils andere Sicht.

„Ich komme um 17 Uhr nach Hause" zielt nicht so sehr auf die Uhrzeit, sondern ist eine Mitteilung an den Mann im Jetzt, dass sie wiederkommt und dass sie mit ihm verbunden ist. Sie sagt eigentlich: „Hey, Mann, ich bin deine Frau, und wir sind zusammen. Daran möchte ich dich und mich mit diesem Satz erinnern." Sie drückt ihre Verbundenheit aus. Der Mann wiederum sucht in dem Satz nach einer inhaltlichen Anleitung oder Bitte, die etwas mit dem Nachher, den *17 Uhr*, zu tun hat.

„Das Wasser geht nicht mehr.“ Für einen Mann ein klares Problem mit einer klaren Lösung: *Neue Wasserleitung bauen = Frau glücklich.* Der Mann übersieht den Wunsch seiner Frau nach einer Verbundenheitsbekundung. Ihr fehlt der Satz davor: „Oh, das Wasser geht nicht? Warte, ich kümmere mich drum.“

Etwas überspitzt möchte ich sagen: Wir Männer suchen ein Problem, das wir lösen können, und ihr Frauen sucht über den Austausch die Verbundenheit. Es gibt den Vorschlag an uns Männer, unsere Frauen im Zweifel zu fragen, ob wir einen Blaumann anziehen sollen (Handwerk, Lösung) oder ob wir eine Flasche Wein (Gespräch, Verbundenheit) öffnen sollen. Und es gibt den Vorschlag an euch Frauen, euer jeweiliges Bedürfnis klarer zu vermitteln.

Experiment:

- Halten Sie einen Moment inne und lauschen Sie auf Ihren Wesenskern.

Übungen nach innen

In diesem Teil geht es um Übungen für Sie alleine. Einige werden Ihnen bekannt vorkommen, andere sind von mir entwickelt oder angepasst worden. Es sind Übungen, die Sie einladen, ein wenig mehr Abstand zu Ihren Mustern und ein wenig mehr Nähe zu sich zu bekommen. Es geht um Ihre Selbstfürsorge und darum, dass Sie lernen, sich selbst ernster zu nehmen. Die Übungen sollen verlangsamen und das Flüstern Ihrer Gedanken und Triebe hörbarer machen. Manchmal werden Sie erstaunt sein.

Was können Sie tun, damit es jetzt noch ein wenig angenehmer wird?

Mit dieser Frage, die als kleines Experiment immer wieder erscheint, will ich Sie aus den Gedanken *über* Ihre Beziehung lösen und Sie *in* Ihre Gegenwart holen. Ich lade Sie ein, Ihren Fokus nach innen, auf Ihr aktuelles Wohlbefinden zu richten. Halten Sie inne und lauschen Sie auf den Moment: „Sitze ich jetzt bequem? Ist mir die Luft im Raum angenehm? Habe ich Hunger oder Durst? Bin ich zu angespannt? Bin ich zu erschöpft?"

Sie können das Prinzip auch auf Ihre Gefühlswelt und Ihre Liebesbeziehung anwenden. Welche Ihrer Gedanken oder Gefühle hindern Sie gerade daran, sich wohler zu fühlen, und wie könnten Sie dies ein wenig verbessern? Was ist es *zwischen* Ihrem Partner und Ihnen, das Sie daran hindert, sich wohler zu fühlen, und wie könnten Sie dies ändern?

Nicht umsonst steht diese Übung am Anfang dieses Teils. Sie entspringt einem zentralen Gedanken meines Therapiekonzeptes. Stellen Sie sich diese Frage, wann immer sie Ihnen in den Sinn kommt. Dies wird mehr Leichtigkeit in Ihren Alltag bringen.

Experiment:

- Massieren Sie eine Minute lang langsam und sinnlich die Ränder Ihrer Ohren.
- Machen Sie dies einmal bei Ihrem Partner.

Eine kleine Meditation

Beziehungskrise, Eigenverantwortung, wer bin ich, Entspannung, was will ich wirklich, wirklich – all das braucht einen inneren Raum, in dem es wachsen, sich zeigen oder gefunden werden kann. Eine effektive und angenehme Unterstützung dafür ist die tägliche kleine Meditation. Dazu brauchen Sie nichts weiter als regelmäßig zwanzig bis dreißig Minuten ungestörte Zeit und einen Platz, an dem Sie bequem sitzen können. Einen geeigneten Moment dafür finden Sie abends, bevor Sie sich endgültig zum Schlafen umdrehen – für Frühaufsteher, wenn der Rest der Familie noch schläft. Wenn Sie diese Übung regelmäßig machen, werden Sie ihren wohltuenden Effekt schnell bemerken. Ihr Stresspegel sinkt, und Sie schaffen eine gute Basis, Ihre Handlungsweisen besser zu erkennen. Es wächst der Raum für den kleinen Moment, in dem Sie ahnen, wer Sie wirklich sind und was Sie wirklich wollen.

Anleitung:

- Setzen Sie sich bequem und aufrecht hin.
- Lauschen Sie in Ihren Körper.
- Machen Sie es sich noch ein wenig bequemer.
- Suchen Sie sich einen Punkt in Ihrem Körper, an dem Sie die Atmung gut spüren und beobachten können, z. B. direkt in den Nasenlöchern, im Rachen oder im Zentrum Ihres Bauches. Sie können auch den ganzen Weg der Luft in Ihrem Körper verfolgen.
- Fokussieren Sie jetzt auf Ihre Atmung.
- Bleiben Sie im Körpererleben, so gut Sie können.
- Wenn Sie von einem Gedanken in den Kopf gelockt werden, begrüßen Sie diesen Gedanken: „Ach, darüber soll ich jetzt nachdenken.“ Laden Sie den Gedanken ein, sich neben Sie zu setzen und zu warten, bis Sie Zeit für ihn haben.
- Gehen Sie immer wieder zurück zu Ihrem Körpererleben und fokussieren Sie auf Ihre Atmung.
- Sie werden merken, wie es Ihnen immer besser gelingt, mit Ihrer Aufmerksamkeit bei Ihrem Atem zu bleiben. Ihre Innenwelt wird dabei größer und ruhiger. Mit einer Art Nebenaufmerksamkeit können Sie dennoch über dies und jenes nachdenken. Es ist eine andere Art des Nachdenkens, Sie bemerken das Ganze und das Detail gleichzeitig.
- Machen Sie diese Übung 10 bis 15 Minuten lang.

Zur Unterstützung gibt es Bücher, CDs, YouTube-Videos usw. mit Anleitungen und Kursangeboten.

Wenn Sie sich darauf einlassen, wird es ruhiger in Ihnen werden. Sie erleben, dass alles weitergeht, auch wenn Sie nicht auf jeden Gedanken reagieren. Es entsteht mehr Gelassenheit. Anders als in der Achtsamkeit, in der Sie die inneren Anteile wahrnehmen und sortieren, geht es in der Meditation um innere Leere und Ruhe. Das handelnde Ich wird unwichtiger. Sie erleben sich als eine Art Raum, als ein Gefäß, in dem Ihre Gefühle, Gedanken und Handlungen ihren Platz haben. Es entsteht ein Gefühl von Weite und – mit Glück – von universeller Verbundenheit. Manchmal scheint eine umfassendere Ordnung durchzuschimmern – ein bisschen wie bei einem Blick in den Sternenhimmel oder wenn Ihnen die Schönheit einer Blume bewusst wird.

Achtsamkeit im Alltag

Überall, wo Sie eine Tätigkeit eher mechanisch ausüben oder Wartezeiten haben, können Sie die Gelegenheit nutzen, nach innen zu lauschen oder sich der einzelnen körperlichen Abläufe bewusst zu werden. Sie stärken damit jedes Mal den freundlichen inneren Beobachter und Ihre Fähigkeit, sich nicht in Gedankenschleifen und Gefühlen zu verlieren. Sie kommen auf eine einfache Weise sich selbst im Jetzt näher. Sie entspannen.

Möglichkeiten dazu finden Sie z. B.

- beim Zähneputzen oder bei einfacher Hausarbeit: Wie genau fühlt sich die Zahnbürste in Ihrer Hand an? Wie stehen Sie auf dem Boden, während Sie saugen? Wie ist Ihr Atemrhythmus beim Gemüseschnippeln?

- in der U-Bahn, einer Warteschlange oder im Auto: Wie sitzen Sie dort auf der Bank oder dem Fahrersitz? Wie fühlt sich Ihr Gesäß dabei an, wie Ihr Beckenboden, wie stehen Ihre Füße?

Den eigenen Gedanken folgen

Das bewusste Beobachten des eigenen Gedankenflusses ist ein wichtiger Bestandteil der Achtsamkeit. Das Erlangen dieser Fähigkeit ist dabei sowohl Weg als auch Ziel. Im Beobachten lernen Sie, Abstand zu nehmen, und dieser Abstand erleichtert Ihnen das Beobachten.

Die Anleitung:

- Beginnen Sie, sich selbst zu erzählen, was jetzt gerade in Ihrem Bewusstsein stattfindet, z. B.: Ich habe mich gerade entschieden, diese Übung zu machen ... Jetzt merke ich, wie ich mich an gestern erinnere, als ich diese Übung auch machen wollte ... Huch, jetzt war ich in Gedanken morgen bei dem Schulfest der Kinder ... Und jetzt habe ich an den Streit mit meinem Partner gestern abend gedacht ... Meine Gedanken schweifen hin und her im Moment ... Jetzt geht meine Aufmerksamkeit in die Küche, ich denke über etwas zu essen nach ... Ich spüre meine Lust auf ein Stück Brot mit Butter ... Mir läuft das Wasser im Mund zusammen, und ich bewege meine Zunge ... Jetzt bemerke ich gerade, dass ich mich in den Gedanken über das Essen verloren habe und gar nicht mehr wusste, dass ich ja diese Übung machen und mir selber erzählen wollte, was ich gerade denke ... usw.

- Sie werden sich wahrscheinlich immer wieder in Ihren Gedanken verlieren und an einer ganz anderen Stelle Ihrer Innenwelt „aufwachen". Staunen Sie darüber und seien Sie nicht zu streng mit sich.
- Fahren Sie fort, sich selbst zu erzählen, was sich gerade in Ihrem Bewusstsein abspielt.
- Mit zunehmender Übung werden Sie immer wieder „alte Bekannte" in unterschiedlichen Verkleidungen treffen: die Sorge, Ihrem Partner zu nahe zu treten; die Angst, nicht ernst genommen zu werden; Stimmen, die Sie gerne davon abhalten würden, herauszufinden, was Sie wirklich, wirklich wollen; eine leise Hoffnungslosigkeit usw. – all dies kann als leises, alle Ereignisse färbendes Flüstern hörbar werden. Erzählen Sie sich dies dann auch: Jetzt denke ich wieder: Ach, mein Partner nimmt mich doch nicht ganz ernst ... Das, was ich will, versteht er gar nicht ... Der wird sich nie ändern ... Das schaffe ich eh nie ... usw.
- Bleiben Sie im Erzählen. Suchen Sie keine schnellen Lösungen. Trauen Sie sich, für einen Moment in diesem dunklen Wald zu verweilen, rennen Sie nicht zum Ausgang. Bemerken Sie ganz bewusst, dass Sie vielleicht gerne wegrennen oder sich verstecken würden.
- Geben Sie sich Zeit, sich auch mit dem Unangenehmen anzufreunden. Nur wenn alle Ge-

danken und Gefühle willkommen sind, kann Ihre Innenwelt freundlich und flexibel werden.

- Wenn Sie die unangenehmen Gedanken immer wieder wegschicken, wäre es wie in einer Schulklasse, in der ein Schüler immer ausgegrenzt würde. Solch eine Klasse kann nicht wirklich harmonisch und offen werden.

Die Arbeit mit inneren Anteilen

Zentrales Mittel für den Umgang mit widersprüchlichen inneren Kräften oder festgefahrenen Positionen ist die Zerlegung dieses Knäuels in beschreibbare Anteile. Sie bekommen so einen besseren Überblick über die einzelnen Elemente und deren Zusammenspiel. Durch ein symbolisches Aus-sich-heraus-Legen der Anteile gelangen Sie in eine Position zwischen Beobachter und innerem König. Sie können neu bewerten, welche Ideen und Gefühle wesensnäher und sinnhafter für Sie sind und welche Ihre persönliche Erfüllung eher behindern. Die Wesensnäheren werden bestärkt, und die eher Hindernden können entmachtet und wohlwollend integriert werden. Wenn Sie den Ursprung eines dieser bremsenden Gefühle finden – z. B. der Scheu oder des Misstrauens Ihrem Partner gegenüber –, passiert es oft, dass dieses Gefühl in der konkreten Situation mit Ihrem Partner an Kraft verliert. Sie lernen, zwischen der ursprünglichen Lebenserfahrung, die vielleicht sagt: „Sei scheu oder misstrauisch“ und der konkreten Situation zu unterscheiden.

Die Übung:

- Sie brauchen mindestens 30 Minuten ungestörte Zeit, einige Kissen oder kleine Gegenstände, Stift und Zettel.
- Setzen Sie sich ruhig hin oder gehen Sie langsam durch den Raum.
- Achten Sie auf Ihre Atmung.
- Suchen Sie sich eine Ausgangsposition.
- Lauschen Sie auf Ihre aktuelle Stimmung: Welches Gefühl ist gerade im Vordergrund (Ärger, Scheu, Angst, Unsicherheit, Verwirrung, Einsamkeit, Sehnsucht ...)?
- Nehmen Sie für dieses Gefühl einen Gegenstand und platzieren Sie diesen im Raum.
- Schreiben Sie den Namen des Gefühls auf einen Zettel und legen Sie diesen auf den Gegenstand.
- Der Gegenstand symbolisiert nun Ihr Gefühl. Halten Sie jetzt eine Weile inne und lassen Sie das symbolisierte Gefühl auf sich wirken.
- Was taucht in Ihnen jetzt auf? (Es wird leichter, weil das Gefühl nicht mehr so nah in Ihnen ist – es verändert sich nichts – Sie wollen das Gefühl zurück in Ihren Körper haben – etwas Neues taucht auf ...)
- Was können Sie tun, wenn sich in Ihnen nichts verändert? Stellen Sie dann einfach so lange weiter Gegenstände mit demselben Titel dazu (noch ein Kissen und noch ein Kissen und noch ein Kissen), bis der Berg der Größe und Intensität Ihres Gefühls entspricht. Es kann auch sein, dass die scheinbare Unveränderbarkeit und

Massivität des Gefühls die neue Botschaft ist, mit der Sie weitergehen können.

- Gehen Sie mit dem, was jetzt in Ihnen ist. Genießen Sie das Leichte – nehmen Sie den Gegenstand wieder an sich – lauschen Sie auf das Neue – erschrecken Sie über die Größe des Gefühls in sich usw.
- Betrachten Sie den Impuls oder das nachfolgende Gefühl als eine weitere innere Seite.
- Nehmen Sie auch für diesen Impuls oder dieses Gefühl einen Gegenstand, beschriften Sie ihn und stellen Sie ihn in den Raum.
- Achten Sie dabei auf die Beziehung Ihrer inneren Anteile zueinander: Gehören sie zusammen – ist einer mächtiger als der andere – kennen die sich ...?
- Halten Sie wieder eine Weile inne. Achten Sie auf Ihre Innenwelt. Was geht jetzt in Ihnen vor?
- Verfahren Sie mit allem Neuen wie oben.

Wahrscheinlich werden sich vier, fünf oder sechs Ebenen zeigen. Wenn Sie die Widersprüche in Ihrer Innenwelt oder überwertige Gefühle identifiziert und symbolisch in den Raum gebracht haben, lassen Sie die Konfiguration auf sich wirken. Gehen Sie auch ein wenig durch den Raum, um die Darstellung aus verschiedenen Perspektiven zu betrachten. Erklären Sie sich noch einmal laut, wie das alles in Ihnen zusammenhängt. Stellen Sie sich dazu folgende Fragen:

- Wie lange kenne ich diese Anteile oder diese Konfiguration schon?

- Gibt es Aspekte, die ich aus meiner Kindheit kenne?
- Was hat mein Partner damit zu tun?

Lassen Sie sich Zeit. Vielleicht taucht noch ein weiterer Unbekannter aus Ihren Tiefen auf. Oft gibt es eine große Macht im Hintergrund, die leise, aber sehr bestimmt sagt: „Da kannst du machen, was du willst. Kannst aufstellen, soviel du willst, kannst leiden und fordern, soviel du willst – ich werde verhindern, dass sich wirklich etwas ändert!!“ Sollten Sie diese Seite in sich finden, stellen Sie sie ebenfalls als Symbol in den Raum.

Wahrscheinlich verhilft Ihnen allein schon das Gewahr-Werden der inneren Anteile und ihrer Beziehung zueinander zu mehr Klarheit. Möglicherweise sind Sie ein wenig ergriffen von dem, was Sie erkennen können.

Überlegen Sie sich in einem zweiten Schritt, wie Sie es in Ihrer Innenwelt gerne hätten. Schieben Sie dazu alles ein wenig hin und her, bis sich die Verhältnisse der Symbole zueinander stimmiger anfühlen. Um ein neues Gleichgewicht herzustellen, können Sie auch weitere Elemente hinzufügen. Die neue Ordnung oder das neue Element ist ein Hinweis auf eine unerfüllte Sehnsucht. Nehmen Sie sich die Zeit, diese Sehnsucht genauer zu erforschen. Was können Sie in Ihrem Alltag tun, damit sich diese Sehnsucht erfüllt? Welche Erfahrungen müssen Sie dafür machen? Wie können Sie zu diesen Erfahrungen gelangen?

Die Übung ist angelehnt an verschiedene Innenwelt-Aufstellungsmethoden. Wenn Sie an einer Vertiefung interessiert sind, finden Sie im Internet unter den Stichwörtern

Inneres Team, *Aufstellungsarbeit*, *Ego-State-Therapie* weitere Anregungen.

Experiment:

- Stellen Sie sich in die Mitte des Raumes und singen Sie laut ein Kinderlied. Was verändert sich in Ihnen?

Selbstwert

Welchen Wert geben Sie sich selbst? Hier geht es um den Menschen, der Sie, hinter allen Gefühlen, Identitäten und Zuschreibungen wirklich sind. Erinnern Sie sich an das Kapitel *Sich dem eigenen Wesen nähern*. Sind Ihnen Ihre eigenen intimen Gedanken und Wünsche – alles, was schon da ist, und alles, was in Ihnen noch aufsteigen wird – willkommen? Sind Ihre intimen Gefühle und Wünsche auch die Grundlage Ihres Handelns? Oder gibt es immer ein kleines *So-Tun-als-ob* oder ein Stimmchen, das sagt: „Jetzt ist nicht der richtige Zeitpunkt"? Können Sie – bei allen nötigen Kompromissen – Ihre Authentizität und Würde behalten?

Was denken Sie über sich selbst?

> Ist schon OK ... Ich bin zu dick ... Ich finde nicht den richtigen Zeitpunkt ... Manchmal komme ich genau auf den Punkt ... Ich kann die wirklich wichtigen Sachen nicht gut ausdrücken ... Wenn ich meinen Partner sehe, vergesse ich immer, was ich sagen wollte ... Der Fehler liegt bestimmt wieder bei mir ... In

> seiner Gegenwart ziehe ich mich in mich zurück ... Ich mache ihm Angst ... Meine geheimen Wünsche sind zu groß ... Ich bin lächerlich, wenn ich mein Herz öffne ... Ich bin viel zu gut für ihn ... Ich kann mich nicht verständlich machen ... Ich werde mich für meine Wünsche schämen ... Ich werde mein Gesicht verlieren ... Ich glaube, ich habe Besseres verdient ... Manchmal bin ich selber erstaunt, was mir in den Sinn kommt ... Ich genieße es, bei mir zu sein ... Die Welt freut sich meistens über mich ... Verlange ich denn zu viel?

Ihr Selbstwertgefühl in Ihrer Partnerschaft setzen Sie überwiegend aus dem Flüstern Ihrer Kindheitserfahrungen und dem gefühlten tiefen Interesse Ihres Partners an Ihnen zusammen. Sind Sie sich selbst ein wenig unsicher, kann Ihr Partner Sie mit seinem Verhalten schneller verunsichern. Flüstert es aus Ihrer Tiefe, dass Sie wertvoll und willkommen sind, sind Sie unabhängiger vom täglichen, konstanten Zufluss an Bestätigung.

Wenn Sie in sich lauschen, welchen Wert Sie sich selbst geben, werden Sie mehrere Quellen finden. Eine liegt in Ihrer Vergangenheit; sie ist gespeist durch Ihre frühen Erfahrungen. Sind Sie damals ausreichend ernst genommen worden? Haben sich Ihre Eltern genug und herzlich für die Belange dieses kleinen Wesens interessiert, das Sie einmal waren? Eine zweite Quelle ist die bekannte oder vermutete Haltung Ihres Partners Ihnen gegenüber. Dazu kommen Ihre Erfahrungen aus vergangenen Liebesbeziehungen.

Können Sie das innere Flüstern Ihrer Kindheitseltern noch hören? Mit welchen Worten hätten diese ihre Haltung Ihnen gegenüber ausgedrückt?

Du störst ... Sei leise ... Jetzt nicht ... Du fängst dir gleich noch eine ... Du bist ein wunderbares Kind ... Komm her und erzähle mir von deinem Tag ... Deine Schwester ist wichtiger ... Kümmere dich doch bitte mal um deine kleinen Geschwister ... Möchtest du noch ein bisschen zu uns kuscheln kommen? Aus dir wird nie was ... Sollen wir etwas spielen? Hier hast du Geld, jetzt hau ab ... Du sollst deinen Teller leer essen ... Halt den Mund, wenn Erwachsene reden ... Kinder, die was wollen, bekommen auf den Bollen ... Komm, wir machen eine Wanderung ... Was bist Du schon für eine richtige kleine Dame ... Ich interessiere mich dafür, wie du die Welt siehst ...

Welche der folgenden Zusammenfassungen passt für Sie am besten?

- Was du tust, fühlst und denkst, ist nicht so gut, nicht so wertvoll und nicht so wichtig. Mach dich lieber mal klein.
- Kann schon klappen, aber man weiß nie so genau.
- Im Großen und Ganzen bist du in Ordnung, und die Welt freut sich auf dich.

Kommen wir zur zweiten Quelle, Ihren Partner. Die tägliche Rückkopplung durch ihn verändert langsam, aber stetig Ihre aus der Kindheit mitgebrachte Grundhaltung zu sich selbst – zum Guten wie zum Schlechten. Hat er ein lebendiges Interesse an Ihnen? Kann er – unabhängig davon, ob er eine bestimmte Eigenschaft von Ihnen störend findet oder nicht – sich für diese aufrichtig interessieren? Was wissen Sie, und was vernuten Sie insgeheim?

Ihr Partner denkt und sagt vielleicht:

> Jetzt versteht die mich schon wieder nicht, kann die nicht richtig denken? Dieses Getue nervt ... Kann der nicht einmal wirklich zärtlich sein ...? Die Art, wie sie mit den Kindern umgeht, ist wunderbar ... Ich kann mich voll auf ihn verlassen ... Immer kommt sie zu spät ... So war das doch nicht gemeint ... Er ist aber ganz schön dick geworden ... Sie hat so hübsche Brüste ... Muss sie immer streiten, können wir nicht einmal einfach nur Sex haben ... Jedes weitere Jahr mit ihm macht mich wieder ein Stück glücklicher und gesünder ... Er versteht mich fast ohne Worte ... Er trägt mich auf Händen ... Ich mag seinen dicken Schwanz ... Warum sagt er nie, dass er mich liebt?

Stellen Sie sich zu diesen beiden Quellen folgende Fragen:

- Hören Sie von Ihrem Partner etwas anderes als in früheren Beziehungen? Ist er positiver oder negativer als Ihre Eltern oder früheren Partner?
- Nehmen Sie eher die abwertenden, bremsenden Sätze und lassen positive Erlebnisse eher nicht an sich heran?
- Wertet Ihr Partner Sie latent oder auch massiv ab?
- Werten Sie Ihren Partner ab?
- Verändert sich Ihr Selbstwert, je intimer es wird?
- Wie sind Sie damit zufrieden?
- Wie geht Ihr Partner damit um?

Experiment:

- Schließen Sie Ihre Augen und versuchen Sie, drei Ihnen angenehme (sogenannte gute) und drei Ihnen unangenehme (sogenannte schlechte) Eigenschaften Ihres Partners zu finden.
- Welche Eigenschaften würde Ihr Partner für Sie nennen?

Wieviel möchten Sie von sich zeigen?

Wenn Sie Ihrem Wesenskern näherkommen und genauer wissen, was Sie wollen, können Sie dieses Wissen für sich behalten oder es mit Ihrem Partner teilen. Natürlich werden Sie das Meiste teilen wollen, denn dies ist Sinn jeder Liebesbeziehung. Was aber machen Sie mit den Gedanken und Gefühlen, von denen Sie meinen, dass Ihr Partner damit nicht so gut umgehen kann? Haben Sie z. B. sexuelle Phantasien und Wünsche, die Sie Ihrem Partner noch nicht gesagt haben? Und wie gehen Sie damit um? Was hat Sie bisher davon abgehalten, diese anzusprechen?

Sicher fällt es Ihnen leichter, wenn der Wunsch Ihres Partners weitgehend mit Ihrem eigenen übereinstimmt. Aber was tun Sie, wenn es nicht passt? Sind Sie ein Mensch, der dann innerlich Kompromisse schließt? Sind Ihre Gedanken manchmal so: „Ich möchte nachher joggen gehen, mein Partner will bestimmt wieder mit mir kochen, also schlage ich vor, dass er schon mal anfängt, ich beeile mich dann mit dem Laufen"? Was wird bei diesem Kompromiss herauskommen? Sie hetzen über Ihre Joggingstrecke, kommen unzufrieden und vielleicht etwas zu spät nach Hause, und Ihr Partner fühlt sich wieder mal alleingelassen.

Ihre Wünsche sind und bleiben Ihre Wünsche, egal, ob es sich um Joggen, das gemeinsame Kochen oder bestimmte sexuelle Praktiken handelt. Ihre Wünsche bleiben auch Ihre Wünsche, unabhängig davon, ob sie Ihrem Partner gefallen oder nicht.

Schon in diesen Unterschieden zeigt sich, wie schwer es vielen Partnern fällt, in den kleinen Dingen des Lebens bei sich zu bleiben. Oft muss scheinbar eine übergeordnete Harmonie gewahrt werden. Was wäre anders, wenn Sie klar sagen könnten, dass Sie in Ruhe joggen möchten, und Ihr Partner klar sagen könnte, dass er gemeinsam mit Ihnen kochen möchte?

Egal, ob es um große oder kleine Wünsche oder Unterschiede geht: Immer, wenn Sie sich entscheiden, etwas für sich zu behalten, entscheiden Sie damit auch, die Nähe und Intimität mit Ihrem Partner zu begrenzen. Dies ist nicht per se richtig oder falsch, aber es bewirkt etwas in Ihrer Liebesbeziehung.

- Was passiert in Ihnen, wenn Sie Ihre Wünsche etwas zu häufig für sich behalten?
- Was passiert in Ihnen, wenn Ihr Partner seine Wünsche etwas zu häufig für sich behält?

Es gibt Kräfte in Ihnen, die Sie daran hindern, Ihre Wünsche genauer zu spüren oder auszusprechen.

- Bemerken Sie, wenn Sie etwas zurückhalten?
- Wie fühlt sich das für Sie an?
- Wann in Ihrem Leben haben Sie angefangen, bestimmte Wünsche nicht mehr zu äußern?

- Von wem haben Sie das gelernt?
- Schreiben Sie eine Liste der Themen, die Sie lieber für sich behalten.
- Was bewirkt es, diese zurückgehaltenen Wünsche schwarz auf weiß vor sich zu sehen?

Die eigene Scham erkunden

Die Spannbreite einer Schamreaktion reicht von einem Ziehen im Magen, leichtem Schwindel und Erröten über Übelkeit bis hin zu dem Gefühl, der Boden würde sich unter Ihnen auftun. Meist ist dies begleitet von einem kurzen, starken Einbruch Ihres Selbstwertgefühls. Scham ist eine starke soziale Kontrollkraft. Sie hindert Sie, Dinge zu tun, von denen Sie meinen, dass sie nicht mit unserer Kultur vereinbar sind. In Ihrer Kindheit und Jugend haben Sie die meisten dieser Regeln gelernt oder für sich gebildet. Scham hat viel mit Bloßgestellt-Werden oder Sich-bloßgestellt-Fühlen zu tun. Sie beinhaltet auch die Angst vor einem unüberwindbaren Nicht-richtig-Sein und damit die Angst, aus der Gemeinschaft ausgeschlossen zu werden. Heruntergebrochen auf Ihre Liebesbeziehung, stellt sich die Frage, wie weit Sie sich mit Ihren schambesetzten Gedanken, Handlungen und Eigenschaften in Ihrer Partnerschaft wirklich aufgehoben fühlen.

Mit den folgenden Fragen möchte ich Sie in die Nähe Ihrer Schamgrenzen bringen und Sie anregen, Ihre Wertmaßstäbe zu hinterfragen. Die meisten Menschen halten sich zu sehr zurück und begrenzen ihre Handlungen und Äußerungen zu früh.

Hier sind die Fragen:

- Wie geht es Ihnen, wenn sich jemand an der Supermarktkasse vordrängelt?
- Wie wäre es, wenn Sie sich selber einmal vordrängeln würden?

- Weichen Sie auf engen Gehwegen schnell aus und sind sehr rücksichtsvoll?
- Wie wäre es, wenn Sie die Räume einmal eng machen würden und so die anderen zum Ausweichen zwingen würden?

- Wie reagieren Sie innerlich auf Spam-Mails?
- Wie wäre es, wenn Sie den Absender ordentlich beschimpfen könnten? Wie wäre es, wenn Sie dazu alle Ihnen unerlaubten und wirklich peinlichen Schimpfwörter benutzen würden?

- Wie geht es Ihnen, wenn Sie in einem Gespräch nicht zu Wort kommen?
- Wie wäre es, wenn Sie bei solchen Gesprächspartnern einfach immer weiterreden würden, bis Sie endlich genug Platz hätten?

- Wie geht es Ihnen mit Menschen, die ständig – natürlich ohne etwas dafür zu können – 20 Minuten zu spät kommen?
- Wie wäre es, wenn *Sie* diese Menschen einmal 30 Minuten lang warten ließen?

In diesen Beispielen ist immer eine unangenehme Verhaltensweise mit der Frage kombiniert, wie es Ihnen ginge, wenn Sie sich selbst so benehmen würden. Einerseits können Sie wahrscheinlich Ihre Abneigung spüren, andererseits finden Sie vielleicht auch eine unerwartete Lust in der Vorstellung, dies doch zu tun. In welchen Bereichen Ihres Lebens wären Sie gerne etwas unverschämter?

Experiment:

- Versuchen Sie einmal – ganz real –, auf einem engen Gehweg die Räume für die anderen Fußgänger so zu gestalten, dass diese eher ausweichen als Sie.

Die folgenden Fragen beziehen sich auf Ihre Schamgrenzen innerhalb der Familie:

- Womit und wie kann Ihr Partner Sie beschämen?
- Bei welchen Handlungen Ihres Partners schämen Sie sich für ihn (mit)?
- Womit und wie können Sie Ihren Partner beschämen?
- Bei welchen Ihrer Handlungen schämt sich Ihr Partner für Sie (mit)?
- Welche Handlungen Ihrer Kinder lösen bei Ihnen Schamgefühle aus?
- Welche Ihrer Handlungen lösen bei Ihren Kindern Schamgefühle aus?

- Wie lösen Ihre Eltern bei Ihnen Schamgefühle aus?
- Wie können Sie bei Ihren Eltern Schamgefühle auslösen?

Lassen Sie die Fragen wirken. Erlauben Sie sich Phantasien über beschämende Gedanken und Handlungen. Vergessen Sie dabei Ihre Sexualität nicht.

Experiment:

- Fragen Sie Ihren Partner heute noch, wann und wie Sie die unangenehmsten Schamgefühle bei ihm ausgelöst haben.

Der sichere Ort

In dieser, auch aus der Hypnotherapie bekannten Übung geht es darum, dass Sie sich das Bild eines sicheren inneren Ortes schaffen – eines Ortes, zu dem Sie immer wieder zurückkehren und wo Sie mit sich in Ruhe und Sicherheit sein können, eines Ortes, an dem Sie Kraft tanken können, Pause haben von der täglichen Routine und sich sortieren können – ein selbst geschaffenes, innerstes Zuhause für Ihre wesensnahen Züge, vergleichbar mit dem kindlichen Gefühl von tiefer Geborgenheit bei den Eltern – geborgen und sicher im eigenen Zimmer, im eigenen Bettchen, mit den Geschwistern oder unter der Decke im Elternbett, zwischen Vater und Mutter. Vielleicht haben Sie das Glück, diese Geborgenheit ausreichend erlebt zu haben, und können in Ihrer Vorstellung gut daran anknüpfen. Doch selbst wenn Ihre Eltern diese Stimmung für Sie nur selten oder nur zum Teil erzeugen konnten, ahnen Sie wahrscheinlich, welches Gefühl von Sicherheit und Geborgenheit ich meine. Heute sind Sie selbst erwachsen. Vielleicht haben Sie eigene Kinder und wissen, wie Sie diese Stimmung für andere entstehen lassen können. Hier geht es darum, diese warme Stimmung und diesen sicheren inneren Ort für sich zu erschaffen. Der erwachsene Teil in Ihnen übernimmt damit wieder ein Stück mehr Verantwortung für das Wohlbefinden und die Sicherheit Ihrer eigenen wesensnahen Anteile.

Die Übung:

- Nehmen Sie sich eine halbe Stunde ungestörte Zeit. Machen Sie es sich bequem. Überlegen Sie – wie immer –, was Sie tun können, damit es noch ein wenig angenehmer für Sie wird. Lüften Sie noch einmal und trinken Sie ein Glas Wasser.
- Schließen Sie die Augen. Beginnen Sie sich langsam in sich zurückzuziehen. Spüren Sie den einen Fuß eine Zeitlang, richten Sie dann Ihre Aufmerksamkeit auf den anderen Fuß. Bewegen Sie Ihre Zehen langsam und spüren Sie genau, wie sich diese bewegen. Richten Sie dann Ihre Aufmerksamkeit auf eine Hand und dann auf die andere. Versuchen Sie die eine Hand und die andere gleichzeitig zu spüren. Versuchen Sie beide Hände und beide Füße gleichzeitig zu spüren.
- Spüren Sie Ihr Gewicht im Sessel.

- Hören Sie eine Weile Ihrer Atmung zu.
- Lauschen Sie in sich.
- Suchen Sie dieses herzliche, empfindsame Wesen, das Sie eigentlich sind.
- Sie kennen und erkennen es.
- Wo in Ihrem Körper können Sie diese Wesensnähe spüren? Ganz gleich, ob in der Brust, am Herzen, im Bauch oder im Kopf – wo auch immer Sie es ahnen, ist es richtig.
- Wenden Sie sich diesem Wesen zu und erlauben Sie ihm, sich in Ihnen auszubreiten.
- Stellen Sie sich jetzt einen Ort vor, an dem dieses Wesen wirklich, wirklich sicher wäre – sicher vor den Anforderungen Ihrer Partnerschaft, vor dem Stress des Alltags und auch vor Ihren eigenen inneren Antreibern und Richtern.
- Erinnern Sie sich an einen Platz, an dem Sie tief mit sich und der Welt verbunden waren. Holen Sie sich den Blick über ein reifes Kornfeld, die Ruhe auf einem Alpengipfel oder die Weite auf dem Meer in Ihr Bewusstsein.
- Die meisten Menschen suchen sich einen Ort, an dem sie alleine sind.
- Gehen Sie mit Ihrem Wesen innerlich an diesen Ort. Genießen Sie die Geborgenheit.
- Verweilen Sie eine Zeitlang.
- Kommen Sie langsam wieder in Ihr Tagbewusstsein zurück. Strecken und schütteln Sie sich ein wenig.

Sie können diese Übung auch gut in Ihre Einschlafphase einbauen.

Experiment:

- Klatschen Sie einmal laut in die Hände und lauschen Sie auf den Klang.

Sprechen in Achtsamkeit

Sprechen in Achtsamkeit ist nicht viel anders, als etwas langsamer und eher bedächtig zu sprechen. Es hilft Ihnen, bei sich zu bleiben und Ihren inneren Faden, dem, was Sie wirklich, wirklich sagen wollen, besser zu folgen. Die Art und Weise, wie sich Ihr Gefühl auf dem Weg vom Bauch zum Mund verändert, verrät Ihnen etwas darüber, welche Hoffnungen und Befürchtungen Sie haben, wenn Sie sich jemandem zuwenden. Werden Sie lauter, werden Sie leiser, werden Sie härter oder werden Sie weicher in Ihren Worten als in Ihrem Bauch?

- Suchen Sie sich einen ruhigen Platz.
- Strecken Sie sich ein bisschen, schütteln Sie Ihre Arme und Beine aus.
- Setzen Sie sich aufrecht und bequem hin.
- Schauen Sie ein wenig Ihrer Atmung zu.
- Lauschen Sie in Ihren Bauch. Wie fühlt es sich dort an? Welche Stimmung oder welches Gefühl nehmen Sie wahr?

- Beginnen Sie mit eher banalen oder positiven Gefühlen. Heben Sie sich die ernsteren, schwerer zu benennenden Gefühle für später auf.
- Lassen Sie diese Stimmung langsam über die Brust durch den Hals zum Mund aufsteigen.
- Sprechen Sie das Gefühl aus.
- Wie hört es sich an?
- Klingen Ihre Worte so, wie sich Ihr Gefühl im Bauch anfühlt?
- Versuchen Sie es noch einmal.
- Beobachten Sie diesmal, wie sich das Gefühl ändert, je näher es dem Mund – dem Ausgesprochen-Werden – kommt.
- Manche Menschen bemerken, wie sich ihre Kehle etwas zuschnürt, wenn das Gefühl durch will.
- Wiederholen Sie dies so oft, bis Ihre Worte möglichst genau so klingen, wie sich das Gefühl in Ihrem Bauch anfühlt.

Als ich diese Übung zum ersten Mal gemacht habe, habe ich eine Zeitlang das betreffende Gefühl gar nicht mehr aussprechen können, weil ich schon wusste, dass meine Worte wieder ganz anders klingen werden, als es sich innen anfühlte. Ich musste lachen, weil ich so deutlich spüren konnte, wie sich das Gefühl in seiner Farbe und Tiefe völlig veränderte, sobald es meinem Kehlkopf näher kam. Nach einigem Üben gelingt es mir heute ganz gut, das, was ich innen fühle, auch in meiner Stimme und meinen Worten nach außen zu vermitteln.

Machen Sie sich mit dieser Technik vertraut, indem Sie zuerst eine Weile alleine üben. Wenn Sie Lust haben, machen Sie einen Videomitschnitt und sehen Sie sich diesen aus der Perspektive eines wohlwollenden Beobachters an. Vielleicht bekommen Sie irgendwann sogar einmal Lust, gemeinsam mit ihrem Partner zu experimentieren.

Offenes Herz – geschlossenes Herz

Das offene Herz ist ein Zustand, in dem Sie näher bei sich selbst sind und in dem diese zarte, auch verletzliche Seite Ihres Wesens für Ihren Partner sichtbar und berührbar wird. Im geschlossenen Herzen sind Sie mehr in Ihrer Schutz- und Abwehrhaltung. Diese Übung hilft Ihnen, den Übergang zwischen diesen beiden Haltungen zu erforschen. Sie macht Sie ein Stück freier, selbst zu entscheiden, wie Sie Ihrem Partner gegenübertreten wollen.

Körperhaltung und -spannung stehen in Wechselwirkung mit unseren Gefühlen. So, wie sich Ihr Körper zusammenzieht und antriebslos wird, wenn Sie eher hoffnungslose Gefühle haben, können Sie Ihre Stimmung positiv beeinflussen, indem Sie sich aufrecht hinsetzen und lächeln. Dieses Prinzip wirkt in beide Richtungen.

- Setzen Sie sich ruhig in einen Sessel. Ziehen Sie Ihre Schultern nach vorne, blicken Sie zu Boden. Denken Sie jetzt an Ihren Partner. Welches Bild entsteht in Ihnen?
- Ziehen Sie jetzt die Schultern wieder zurück und lassen Sie locker. Entspannen Sie die Brustmuskulatur und lächeln Sie. Atmen Sie in die Mitte Ihrer Brust und blicken Sie geradeaus.

Denken Sie wieder an Ihren Partner. Welches Bild entsteht jetzt in Ihnen?

- Welche der beiden Varianten ist Ihnen vertrauter?
- Woran merken Sie das?
- Bei welcher Variante fühlen Sie sich freier, zu handeln?

Experiment:

- Achten Sie in den nächsten Tagen ganz bewusst darauf, in welcher Haltung Sie Ihrem Partner begegnen.

Was Sie alles noch in diesem Leben machen wollen

Hier geht es um eine Liste der Dinge, die Sie gerne noch in diesem Leben machen möchten. Es ist eine sinn- und lustvolle Liste in der Art einer großen Speisekarte mit vielen leckeren Gerichten. Jedesmal, wenn Sie sie durchlesen, werden Sie an Ihre Wünsche erinnert. Das wird Sie einerseits anregen und Ihnen Spaß machen, weil es Ihnen hilft, Ihre Wünsche nicht im Alltagstrott zu verlieren. Andererseits kann es auch unangenehm sein, weil Sie bemerken, welche Wünsche Sie sich immer noch nicht erfüllt haben und welche Sie sich vielleicht nie erfüllen werden. Sie werden damit auch daran erinnert, wie Sie mit Ihren eigenen Wünschen umgehen. Vielleicht wollen Sie zuerst die Familie gestalten und die Kinder großziehen, oder Sie wollen zuerst Karriere machen. Vielleicht denken Sie auch, dass dieser oder jener Wunsch mit Ihrem Partner nicht umzusetzen ist. Manches passt wirklich nicht zusammen, aber manches eben doch. Natürlich hat diese Liste auch einen unrealistischen Anteil. Auch wenn Sie wissen, dass ein Wunsch unrealistisch ist, bleibt es dennoch Ihr Wunsch und hat damit einen Anspruch auf einen Platz auf Ihrer Liste.

Schreiben Sie ohne Prioritäten alles auf, was Sie gerne noch erleben möchten. Sie können diese Liste auf Ihrem Computer erstellen, sie bei Facebook posten, sie in Ihr Tagebuch schreiben oder an der heimischen Kühlschranktür für alle Familienmitglieder und Freunde sichtbar machen. Wenn Sie die Liste für sich behalten, ist sie wahrscheinlich ein Stück ehrlicher und ungeschminkter, denn Sie müssen vor niemandem – außer sich selbst – Rechenschaft ablegen. Wenn Sie sie veröffentlichen, ist der anregende Effekt größer. Experimentieren Sie.

Hier sind einige Beispiele:

> Einen großen Spiegel im Wohnzimmer aufstellen – eine Motorradtour durch Kanada – eine Reise nach New York – ein Jahr in Venedig leben – Hubschrauberpilot in der Schweiz werden – Sex mit zwei Partnern – Marathon laufen – eine Woche schweigen – einen eigenen, kleinen Laden für schöne Dinge haben – Klavierspielen lernen – einen Kochkurs bei einem 5-Sterne-Koch belegen – Sex mit einem gleichgeschlechtlichen Partner – auf dem Land leben – einen Hund haben – mit den besten Freundinnen eine lange Radtour machen – eine neue Sprache lernen – ein Buch schreiben ...

Schreiben Sie nach Herzenslust alles auf.

Wenn der Partner nach Hause kommt

Machen Sie diese Übung, wenn Ihr Partner nicht zu Hause ist. Sie hilft Ihnen, Ihre grundsätzliche Haltung Ihrem Partner oder der Beziehung gegenüber genauer zu erkennen. Setzen Sie sich bequem hin und entspannen Sie sich. Überlegen Sie, was Sie tun könnten, damit es Ihnen noch etwas angenehmer ist.

Lauschen Sie in sich:

- Wie ist Ihre Atmung? Können Sie von oben nach unten durchatmen?
- Wie ist Ihre Körperspannung?
- Wie fühlt sich Ihr Rücken an?
- Wie Ihr Bauch?
- Ist Ihr Beckenboden hart oder weich?

Lauschen Sie auf Ihre Stimmungen und Gefühle. Hören Sie dieser inneren Quelle eine Zeitlang zu.

- Wie glücklich fühlen Sie sich gerade?
- Wie frei fühlen Sie sich gerade?
- Wie lebendig fühlen Sie sich gerade?
- Wie nah sind Sie Ihrem eigenen Wesen?
- Lauschen Sie weiter in sich, und beschreiben Sie Ihren Zustand mit zwei beliebigen Begriffen.

Stellen Sie sich nun vor, Ihr Partner kommt in diesem Augenblick nach Hause. Sie hören die vertrauten Schritte auf der Treppe, den Schlüssel im Schloss und das Geräusch der Tür.

Was verändert sich in Ihnen? Achten Sie dabei genau auf Ihren Körper und Ihre Stimmung. Welche zwei Begriffe würden Ihren Zustand jetzt am besten beschreiben?

Die meisten Menschen haben zwei unterschiedliche Zustände: einen in Anwesenheit des Partners und einen mit sich allein. Der Übergang zwischen diesen Zuständen geschieht meist unbewusst. Indem Sie sich diesen Übergang innerlich vorstellen, können Sie die Unterschiede deutlicher erkennen.

- Wie weit liegen die Zustände *Ich für mich* und *Ich mit Partner* bei Ihnen auseinander?
- Was bekommen Sie nicht, wenn Sie alleine sind?
- Was bekommen Sie nicht, wenn Ihr Partner anwesend ist?
- Wie weit nehmen Sie Ihren Wesenskern zurück, wenn Ihr Partner da ist?
- Wie gut können Sie zwischen Ihren eigenen Wünschen und den vermeintlichen und wirklich bekannten Wünschen Ihres Partners navigieren?
- Können Sie eine grundsätzliche innere Schutz- oder Abwehrhaltung erkennen, die Sie Ihrem Partner gegenüber immer wieder einnehmen?
- Wenn ja, was möchten Sie schützen? Und was von Ihrem Partner möchten Sie abwehren?
- Sprechen Sie mit Ihrem Partner über Ihre Erkenntnisse.

Möglicherweise entdecken Sie bei sich auch eine leichte Scheu vor *allen* Menschen, nicht nur vor Ihrem Partner. Oder Sie spüren ein latentes Misstrauen anderen gegenüber. Das sind oft verschiedene Seiten derselben Medaille. Beide verhindern gleichermaßen die tiefere, entspannte Begegnung.

Experiment:

- Nutzen Sie die Abwesenheit Ihres Partners, stellen Sie sich in die Mitte des Raumes und zappeln Sie mit Ihren Armen.
- Lassen Sie dieses Zappeln sich auf Ihren ganzen Körper ausbreiten.
- Zappeln Sie eine Weile.
- Machen Sie dabei ruhig auch die eine oder andere „peinliche" Bewegung oder Grimasse, die Sie so in Anwesenheit Ihres Partners nie machen würden.
- Wie gefällt Ihnen das?

Das prozesshafte Schreiben

Im prozesshaften Schreiben schaffen Sie einen Raum, in dem Ihnen Ihre Muster und Gefühle bewusst werden können. Durch das Aufschreiben bleiben diese lang genug im Bewussten, um eine klarere Form anzunehmen. Sie können so gleichsam sehen bzw. lesen, was Sie eigentlich denken. Sie gewinnen dabei einen inneren Abstand zu tieferliegenden Mustern und alten, aber noch wirksamen Wahrheiten. Es ist ein bisschen wie Vokabeln-Lernen: Aus Ihrer ungefähren Ahnung, was Sie eigentlich denken und fühlen, wird ein sicheres Wissen.

„Ach, so bin ich da also genau“ – „Ach, ich spreche meinen Partner nicht an, weil ich insgeheim denke, ich könnte ihn überlasten.“ – „Ach, in solchen Situationen spanne ich also immer den Bauch an.“ – „Ach, das passiert mir anscheinend in allen meinen Ehen.“ – „Ach, ich dachte immer, ich könnte gut mit Konflikten umgehen; jetzt merke ich, dass ich manchmal doch sehr hilflos bin.“ – „Was mache ich denn jetzt damit?“ So oder ähnlich könnten erkennende Sätze lauten.

Die Übung:

- Suchen Sie sich einen Platz, an dem Sie sich 5 bis 15 Minuten lang ungestört fühlen.
- Sie brauchen einige Blätter DIN-A-3-Papier und einen Stift.
- Atmen Sie einige Male tief durch. Strecken Sie sich ein wenig. Achten Sie auf Ihren Körper. Wie fühlt sich Ihr Bauch an, wie Ihre Füße?
- Atmen Sie jetzt einige Male *wirklich* tief durch.
- Schreiben Sie in kurzen Sätzen auf, wie es Ihnen im Moment geht, z. B.: „Ich bin sauer auf meinen Partner.“ – „Ich fühle mich verlassen.“ – „Gestern war ein schöner Abend.“ – „Es hat wieder alles keinen Sinn.“ – „Wenn mein Partner doch bloß anders wäre.“ – „Meine Arbeit hat mir Freude gemacht.“ – „Die Kinder sind anstrengend.“ – „Ich bin erschöpft.“ – „Ich

freue mich auf den Urlaub." – „Ich brauche dringend Sex."

- Schreiben Sie der Reihe nach alles aus Ihrem Kopf heraus, wie es kommt. Konzentrieren Sie sich dabei eher auf Ihre Gefühle als auf Personen oder Gegenstände.
- Nach den ersten 3 bis 5 Sätzen werden Sie vielleicht langsamer und müssen sich besinnen. Lesen Sie sich die schon geschriebenen Sätze noch einmal durch. Lassen Sie sich von Ihren eigenen Worten anregen. Markieren Sie wichtige Sätze oder Wörter. Ziehen Sie Verbindungspfeile zwischen wichtigen Passagen. Lauschen Sie in sich selbst, auf die Antworten auf Ihre eigenen Sätze: Verändert sich Ihre Atmung? Ziehen Sie die Schultern hoch? Seufzen Sie entspannt? Brummen Sie entnervt? Welche inneren Stimmen werden laut, welche Kommentare werden hörbar?
- Schreiben Sie diese inneren Antworten wiederum in kleinen Sätzen auf, beispielsweise: „Jetzt halte ich die Luft an." – „Das war gut." – „Ja, genau so ist es." – „Ich ärgere mich noch mehr." – „Das ist genau so wie bei meiner ersten Frau." – „Ich traue mich wieder nicht zu sagen, was ich brauche." – „Er hört mir nicht zu." – „Dieses Gefühl kenne ich schon, seit ich denken kann." – „Das werde ich ändern."
- Oft entsteht so von selbst ein Fluss.
- Bleiben Sie so lange in diesem rückgekoppelten Schreib-Lese-Fühl-Kreislauf, wie Sie möchten. Meist reicht eine locker gefüllte DIN-A-3-Seite

aus, um einen tieferen Erkenntnisprozess auszulösen.

Sie können diese Übung punktuell machen, um seelische Spannung abzubauen. Sie können sie eine Zeitlang jeden Abend machen, um einen tiefergehenden Strukturierungs- und Erkenntnisprozess zu fördern.

Experiment:

- Denken Sie an Ihre erste große Liebe.

Selbstspiegelung

Dies ist eine einfache Technik, die Sie beinahe jederzeit mit sich selbst anwenden können. Ihr Vorbild ist die liebevoll spiegelnde Interaktion zwischen einem kleinen Kind und seinen warmherzigen Eltern. Wir kennen diese kleinen, wunderschönen Eltern-Kind-Dialoge:

Kind: „Ich bin hingefallen."

Elternteil: „Ach, du bist hingefallen?"

Kind: „Ja, ich bin hingefallen."

Elternteil: „Hast du dir wehgetan?"

Kind: „Nein, ich bin doch kein kleines Baby mehr."

Elternteil: „Ach, du bist kein kleines Baby mehr?"

Kind: „Nein, ich bin kein kleines Baby mehr."

Der Dialog besteht im Wesentlichen aus zwei Elementen. Es ist die spiegelnde Wiederholung sowie die freundliche, interessierte Haltung der Eltern und des Kindes. Es ist ein wunderschöner Dialog, der allen Zuschauern die Herzen öffnet, wenn die Eltern offen, langsam und warmherzig sind. Es ist ein grausamer und beschämender Dialog, wenn die Eltern kalt und abweisend sind.

Die Übung ist ganz einfach aufgebaut:

- Suchen Sie sich eine ruhige Umgebung, in der Sie eine Zeit ungestört sein können. Nehmen Sie zwei, drei entspannende Atemzüge und lauschen Sie ein wenig in Ihren Körper.
- Sie beginnen, indem Sie einen kurzen, drei bis acht Worte umfassenden Satz entweder laut aussprechen oder bewusst denken. Es sollte ein einfacher Satz über Ihr momentanes Befinden sein. Sie richten den Satz halb in den Raum, halb an einen imaginären Zuhörer, z. B.: „Ich sitze hier und mache diese Übung." Oder: „Mein Partner hat mich wieder sehr geärgert." Oder: „Ich freue mich auf das Treffen nachher." Oder: „Mein Verhalten von gestern abend ist mir peinlich."
- Dann nehmen Sie innerlich die Rolle einer anderen Person ein und richten denselben Satz aus dieser inneren Du-Position heraus, halb als Frage, halb als Bestätigung an Ihre innere Ich-Position. Versuchen Sie den Satz sehr ähnlich zu wiederholen. Stellen Sie keine weiterführenden Fragen und bieten Sie keine Lösungen an. Sie können sich vorstellen, Sie würden als

freundlicher Vater oder freundliche Mutter zu einem mehr oder weniger erwachsenen Kind sprechen, in diesem Fall: „Ah, du sitzt jetzt hier und machst diese Übung?" Oder: „Ah, dein Partner hat dich wieder sehr geärgert?" Oder „Ah, du freust dich auf das Treffen nachher?" Oder: „Ah, dein Verhalten von gestern abend ist dir peinlich?"

- Im dritten Schritt gehen Sie innerlich auf Ihre Ich-Position zurück und wiederholen den Satz noch einmal, jetzt als Antwort an Ihre innere Du-Position, die Sie freundlich und wohlwollend nach Ihrem Befinden gefragt hat: „Ja, ich sitze jetzt hier und mache diese Übung." Oder: „Ja, mein Partner hat mich wieder sehr geärgert." Oder: „Ja, ich freue mich auf das Treffen nachher." Oder: „Ja, mein Verhalten von gestern abend ist mir peinlich."
- Oft stellt sich an dieser Stelle schon ein Lächeln oder ein entspannender Seufzer ein. Lauschen Sie jetzt auf den nächsten Satz, der in Ihnen entsteht. Erzwingen Sie nichts. Verfahren Sie mit den aufsteigenden Sätzen so lange weiter, bis Sie genug haben.

Es geht um einfache, kurze Sätze, ähnlich denen eines Kindes zu seinen liebevollen Eltern. Die Haltung Ihrer inneren Du-Position ist entsprechend wohlwollend und interessiert. Die innere Du-Position repräsentiert ein positives Elternbild oder einen wohlwollenden Freund. Während Sie in der ersten Phase noch eher in die Luft sprechen und sich alleine fühlen, sollten Sie in der dritten Phase das Gefühl suchen, einen freundlichen Wortwechsel erlebt zu haben. Vielleicht spüren Sie durch einen kleinen Seufzer, dass Ihnen tatsächlich leichter ums Herz geworden ist. Das gelingt umso besser, je wohlwollender und zugewandter Sie in der Du-Position Ihren eigenen Satz widerspiegeln können. Es ist sinnvoll, wenn Sie den Satz möglichst wortgetreu wiederholen. Dadurch wird er jedes Mal noch ein bisschen gewichtiger für Ihre Innenwelt. Durch diese Verdichtung löst er eine tiefere Suchbewegung in Ihnen aus. Gleichzeitig nehmen Sie in der inneren Du-Position auch für kurze Zeit Abstand von diesem Satz und schaffen so etwas Raum, eine neue Haltung zu finden.

Ein wichtiger Sinn der Übung besteht im Aufbau und in der Stärkung einer positiven inneren Instanz. Viele meiner Klienten haben mehr oder weniger starke abwertende innere Stimmen. Ihre Innenwelt ist bevölkert von Abbildern liebloser oder gereizter Eltern. Diese inneren Richter, Antreiber und Abwerter sind oft unangefochten und brauchen ihre Stimmen nur selten laut zu erheben. Sie bilden im Klienten die Grundlage zu subtilem Misstrauen der Welt außen und – viel schlimmer – der eigenen Innenwelt gegenüber. Jeder soziale Kontakt reibt sich an dieser eigenen inneren Abwertung und erzeugt eine ständige Frage nach dem eigenen Wert. Die eigene Innenwelt wird als ein Ort erlebt, an dem Abwertung droht. Auf dieser Ebene brauchen die Klienten nichts dringender als wohlwollenden, fürsorglichen Zuspruch.

In dieser kleinen Übung können Sie sich selbst ein Stück den Rücken stärken. Durch jede eigene wohlwollende Spiegelung erweitern Sie Ihren Blickwinkel in Ihrer Innenwelt und nehmen sich selbst etwas mehr an. Durch die Verlangsamung hindern Sie Ihr Standard-Wegguck-Muster ein wenig an seiner Arbeit. Ein langsam freundlicher werdendes inneres Auge sucht nach angenehmeren Möglichkeiten, mit

Ihren Gedanken und Gefühlen umzugehen. Die Scham und Angst vor bestimmten Gefühlen und Gedanken wird geringer. Sie begreifen ein bisschen mehr, wie Sie im Moment wirklich sind. Je mehr Sie sich selbst annehmen, desto weniger können und wollen Sie sich auch vor Ihrem Partner verstecken. Sie werden ein Stück standhafter werden. Und Sie werden auch ein Stück berührbarer werden.

Die meisten, die diese Übung ausprobieren, beginnen spontan zu lächeln.

Das positive Tagebuch

Manchmal – gerade an dunklen Tagen einer Beziehungskrise – ist das Bewusstsein stark auf das Problem, das Versagen und das eigene Leid fokussiert. Wenn der Partner an seiner Liebe zweifelt oder Sie ein schlechtes Gewissen haben und sich hilflos fühlen, wenn Ihre Lebenskonstruktion wankt und einzustürzen droht, melden sich gerne die zweifelnden und selbstabwertenden inneren Stimmen. Viele dieser Stimmen waren immer schon da, sie haben nur eine Zeitlang geschwiegen. Jetzt, in der Krise, fangen sie wieder an zu sprechen. Gefüttert werden Sie durch all das, was Ihnen gerade aus dem Ruder läuft.

Ein gutes Hilfsmittel, den eigenen Selbstwert wieder aufzubauen und zu stabilisieren, ist das positive Tagebuch. Es ist ein Tagebuch, in das Sie ausschließlich die kleinen und großen aufbauenden Erlebnisse eintragen. Alles, was Ihnen gut gelungen ist und was Ihnen Angenehmes widerfahren ist. Dabei spielt es keine Rolle, ob Sie selbst Verursacher oder Nutznießer sind: das Lächeln einer Verkäuferin, die gute Schulnote Ihres Kindes, der Parkplatz direkt vor der Haustür, ein guter Geschäftsabschluss, der unerwartete Anruf eines Freundes, heute nicht mit Ihrem Partner gestritten zu haben, genug Schlaf bekommen zu haben, ein gutes Essen, Sonnenschein durchs Fenster, einen Baum zu bemerken, ein schönes Kleid zu entdecken, ein schönes Kleid zu kaufen, spielende Kinder zu beobachten. Vielleicht sogar ein friedvoller Moment mit dem Partner.

Schreiben Sie all das jeden Abend auf. Vielleicht sitzen Sie vor Ihrem Blatt und denken: „Ach, das ist doch eine zu kleine Kleinigkeit“ oder „das ist doch selbstverständlich“; beides mag stimmen, dennoch ist Ihnen dies heute gelungen oder widerfahren. Also aufschreiben!

Sie denken es, Sie schreiben es hin, Sie lesen es durch. Der positive Effekt für Ihren Selbstwert entsteht aus dem Verlangsamen und dem Fokussieren auf die vielen kleinen angenehmen Erlebnisse, die Ihr Alltag für Sie bereithält. Sie atmen aus und bekommen einen freieren Blick. Was entdecken Sie?

Die Geschichte Ihrer Liebe

Die Geschichte Ihrer Liebe geht im Grunde bis zu Ihrer Zeugung zurück. Wie waren Ihre Eltern damals miteinander? Sind Sie ein Wunschkind – ein geliebtes Kind – gewesen? Was denken Sie, wie wurden Sie zuhause empfangen? Hatten Sie Geschwister, die Sie freudig erwartet haben? Eine Oma mit Herz? Wurden Sie „aus Liebe“ geschlagen? Wie schimmerte die Liebe Ihrer Eltern durch deren Erziehungsmaßnahmen hindurch? Sind Sie aus „Affenliebe“ verwöhnt und überbehütet worden? Wie fühlte sich Ihre erste Kindergartenliebe an? War der Körper Ihrer Mutter weich und warm, roch er gut? Wie war der Körperkontakt mit Ihrem Vater? Konnten Sie seine Liebe in seinen starken Armen spüren? Hat er Ihre Spielsachen immer wieder repariert? Was haben Sie als kleines Kind über die Liebe gedacht? Über Kinderkriegen und Ehe? Hatten Sie Haustiere, die Sie liebten? Sind diese gestorben, und wie war das? Hatten Sie Pferdebilder an den Wänden? Oder Bilder von Pop- und Rockgruppen? Welche Ideale hatten Sie als Jugendlicher? Wer waren Ihre Vorbilder? In wen haben Sie sich in der Pubertät als erstes verliebt? Eine Mitschülerin oder einen Mitschüler? Jemand aus dem Sportverein? Erinnern Sie sich noch an diese Schmetterlinge in Ihrem Bauch? Hatte Ihr erster Sex etwas mit Liebe zu tun? Wie war die Liebe mit Ihrem ersten richtigen Partner? Wie fühlte sich das erste Zusammenleben an? Wie war es, das erste Kind zu zeugen? Wie haben Sie die Schwangerschaft erlebt, wie die Geburt? Haben Sie gestillt? Wie war es, sich in den jetzigen Partner zu verlieben? Wie würde Ihre Mutter Liebe beschreiben, wie Ihr Vater?

Und so weiter, bis heute – schreiben Sie es auf. Wahrscheinlich werden es mehrere DIN-A-4-Seiten. Nehmen Sie sich einige Tage Zeit. Entscheiden Sie selbst, ob Sie diesen Text für sich behalten oder ihn auch Ihrem Partner vorlesen wollen. Würden Sie in letzterem Fall den Text anders schreiben?

Experiment:

- Stellen Sie sich vor, Sie könnten in Ihren Partner hinein und dort die Steuerung übernehmen. Was würden Sie dort verändern, damit sich Ihre Beziehungskrise ein Stück weiter lösen kann?

Ihre Eltern

Hier geht es um die Erkundung Ihrer frühen Vorbilder. Dies sind die Menschen, bei denen Sie aufgewachsen sind. In der Zeit zwischen irgendwann in der Schwangerschaft und etwa dem sechsten Lebensjahr bilden Sie Ihre grundsätzlichen Haltungen zum Leben. Besonders die Erwartungen und Befürchtungen und Ihre Fähigkeit, sich gegenüber wirklich nahen Personen zu öffnen – damals wahrscheinlich Ihrer Mutter, heute Ihrem Partner und Ihren Kindern –, entstehen in dieser Zeit. Sie erwerben hier Ihre impliziten Beziehungserfahrungen. *Implizit* heißt, dass sie Ihnen nicht als klare Aussagen zur Verfügung stehen, sondern sich Ihnen nur verschlüsselt über Stimmungen und spontane Reaktionen vermitteln. In dieser Zeit entstehen die Filter, durch die Sie heute alle Äußerungen Ihres Partners pressen: ob Sie ihm gegenüber eher voller Vertrauen oder eher misstrauisch sind, ob Sie ihm gegenüber eher ängstlich oder mutig sind, ob Sie Ihr Herz eher verschlossen halten oder sich ihm selbstverständlich zeigen, ob Sie sich in seiner Gegenwart leicht entspannen können oder immer etwas Zeit brauchen, ob Sie sich ernst genommen und in der Tiefe gewollt fühlen oder ob Sie eine leicht zweifelnde, eher einsame oder ständig auf die eigene Unabhängigkeit bedachte innere Stimme haben.

Manche dieser Haltungen haben Sie schon erkannt und gelernt, damit umzugehen oder sie zu verändern. Andere sind Ihrem Bewussten noch nicht zugänglich. Es sind die von Ihnen selbst nicht mehr wahrgenommenen Stimmungen und grundsätzlichen Färbungen Ihrer Sicht auf die Welt und Ihren Partner. Fragen Sie Ihren Partner einmal danach.

Um diesen geflüsterten inneren Kommentaren und Wahrheiten auf die Spur zu kommen, hilft es oft, die eigenen Eltern in ihrer Haltung und Beziehung zu betrachten und sich zu überlegen, wie sich ein Kind wohl bei diesen Eltern entwickeln würde?

Stellen Sie beim Beantworten der nachfolgenden Fragen Betrachtungen darüber an,

was das jeweilige Verhalten bei Ihnen bewirkt hat;

was an Ihnen so ist, weil Ihre Eltern an dieser Stelle so waren;

was das mit Ihren Beziehungsproblemen zu tun haben könnte;

wie Sie das ändern könnten;

welche Erfahrungen Sie brauchen, damit sich das in Ihnen ändert.

Hier die Fragen:

- War Ihre Mutter eher ängstlich mit Ihnen?
- Wurden Sie von ihr eher überbehütet?
- Hat ein Elternteil Sie alleine großgezogen?
- Haben Sie Gewalterfahrungen?
- Waren Sie als Kind viel allein?
- Durfte Ihr Vater sich verantwortlich um Sie kümmern?
- Wollte Ihr Vater sich verantwortlich um Sie kümmern?
- Wie würde es sich für ein kleines Kind anfühlen, bei Ihrer Mutter auf dem Arm zu liegen? Gestillt zu werden oder gewickelt?
- Wie würde sich ein kleines Kind im Bauch Ihrer Mutter fühlen?

- Lächelt Ihre Mutter gerne? Auch mit Ihrem Vater oder ihrem jetzigen Partner?
- War Ihre Mutter mit Ihnen und Ihren Geschwistern überfordert?
- Können Sie Ihren Vater heute um Unterstützung bitten?
- Konnten Sie früher mit seiner Unterstützung etwas anfangen?
- Wer hat Ihnen das Radfahren beigebracht?
- Haben sich Ihre Eltern wirklich dafür interessiert, wie Sie die Welt sehen?
- Wie haben Ihre Eltern sich gestritten?
- Wie wurden Sie bestraft?
- Können Sie sich erinnern, Ihre Eltern zärtlich miteinander erlebt zu haben?
- War Ihre Mutter ein bisschen depressiv?
- Wer hatte in Ihrer Familie das Sagen?
- Haben Ihre Eltern sich geliebt?
- Sind Sie ein Wunschkind?
- Sind Sie ein Scheidungskind?
- Wie war Ihre Mutter mit ihrer eigenen Mutter?
- Wie war Ihr Vater mit seinem eigenen Vater?

Nehmen Sie sich ruhig Zeit und kommen Sie öfters auf diesen Katalog zurück. Mit dem Durchdringen und Nachfühlen mancher dieser Fragen verbringe ich viele Therapiestunden mit meinen Einzelklienten. Seien Sie gutmütig mit sich.

Das innere Kind

> „Es ist nie zu spät für eine glückliche Kindheit."
> (Dieses Zitat wird gleichermaßen Erich Kästner und Milton Erickson zugeschrieben.)

Für Ihre Selbstfürsorge nehme ich hier Bezug auf das Konzept des *inneren Kindes*. Das Prinzip ist einfach und in vielen therapeutischen Techniken zu finden. Es greift auf Ihre Fähigkeit zurück, innerlich zwischen zwei Rollen zu wechseln – der fürsorglichen erwachsenen Identität und dem bedürftigen kindlichen Anteil. Die erwachsene Identität ist nah verwandt mit dem wohlwollenden Beobachter aus der Achtsamkeit; sie übernimmt hier aber auch eine aktive Rolle als Berater und Helfer. Sie werden in dieser Übung ein wenig zu einer guten Mutter oder einem guten Vater für Ihre eigenen kindlichen Anteile. Die Idee dahinter sagt, dass wir alle schlecht integrierte Kindheitserlebnisse haben, die wir z. T. über einen liebevollen Umgang mit uns selbst erkennen, zu uns nehmen und erlösen können. Besonders interessant für dieses Buch ist alles, was mit den Problemen in Ihrer Liebesbeziehung zu tun hat. Deshalb wird es in der Übung nicht speziell um Ihre Kindheitserlebnisse gehen, sondern eher um die ganz alltägliche Reibung in Ihrer Liebe und Ihren Bedürfnissen. Sie regt Sie zur Selbstfürsorge an, sie erinnert Sie aber auch an den einen oder anderen unerfüllten und vergessenen Wunsch. So kommen Sie in eine Fürsorge für all das Versäumte, das Ihnen heute in Ihrer Liebe im Wege steht. Lassen Sie sich überraschen.

Die Übung:

- Suchen Sie eine ruhige, ungestörte Umgebung auf.
- Machen Sie es sich bequem.
- Atmen Sie zur Entspannung drei Mal tief durch.
- Atmen Sie noch einmal *wirklich* tief durch.
- Wie geht es Ihnen gerade?
- Sind Sie:
  angespannt – entspannt – traurig? Haben Sie Hoffnung? Können Sie Ihren Körper gut spüren? Haben Sie Angst? Freuen Sie sich auf Ihren Partner? Fürchten Sie sich vor der nächsten Begegnung? Wann hatten Sie den letzten gemeinsamen Sex? Und wie war das für Sie? Sind Sie einsam? Sind Sie streitlustig? Sind Sie in Ihrer Abwehr gefangen? Fühlen Sie sich kraftlos? Schämen Sie sich für Ihren letzten Streit? Fühlen Sie sich missachtet? Fühlen Sie sich wertlos? Sind Sie stinkwütend?
- Sprechen Sie all die Dinge aus, die auf Sie zutreffen. Wahrscheinlich finden Sie noch genauere Beschreibungen. Lassen Sie sich Zeit.
- Suchen Sie aus all dem die Beschreibung aus, die Ihnen am meisten nahegeht.
- Stellen Sie sich vor, ein Kind würde zu Ihnen in den Raum kommen, das sich genau so fühlt wie Sie sich.
- Was würde dieses Kind brauchen, um wieder glücklich zu werden?
- Vielleicht können Sie – ähnlich wie in der Übung *Selbstspiegelung* – dieses Kind ansprechen

und in einen inneren Dialog kommen? So können Sie sehr genau erfragen, was es braucht, um wieder glücklich zu werden.

- Vielleicht ist dieses Kind erst einmal gar nicht bereit, mit Ihnen zu sprechen? So, wie Sie vielleicht im Moment nicht bereit wären, mit Ihrem Partner zu sprechen? Dann ist es Ihrem Geschick und Ihrer Phantasie überlassen, den Kontakt vorzubereiten.
- Folgen Sie Ihrer Intuition.
- Können Sie diesem Kind eine Möglichkeit schaffen, das zu erleben, was es jetzt braucht?
- Braucht es:
  Ansprache – eine Umarmung – ein heißes Bad – ein Stück Kuchen – Zeit mit sich allein – einen Waldspaziergang – endlich auszuschlafen – ein aufrechtes, warmherziges Gegenüber – ein eigenes Zimmer? Will es seine Geschichte erzählen? Braucht es Antworten? Braucht es Lösungen? Braucht es Zeit? Braucht es Halt?
- Können Sie diesem Kind (Ihrem eigenen kindlichen Anteil) jetzt etwas von dem geben, was es braucht?
- Können Sie jetzt:
  Zeit für sich nehmen – sich selber halten – sich selbst umarmen – sich selbst zuhören – einen Spaziergang machen – eine gute Freundin oder einen guten Freund besuchen? Kennen Sie jemanden, der Ihnen Antworten geben kann, die Sie auch annehmen können? Können Sie sich selbst Antworten geben? Können Sie für heute die Tür hinter sich zumachen und ausschlafen?

- Wenn Sie Ihrem inneren Kind seine Bedürfnisse im Moment nicht erfüllen können, treffen Sie bitte eine Verabredung mit ihm, wann Sie sich darum kümmern werden.

Es gibt eine ganze Therapiemethode, die sich auf dieses innere Kind bezieht. In den Büchern *Das innere Kind* und *Aussöhnung mit dem inneren Kind* finden Sie weitere Anregungen und ausführliche Anleitungen.

Experiment:

- Lehnen Sie sich ein wenig zurück und streichen Sie sich mit der flachen Hand mehrmals langsam freundlich und zärtlich über Ihre Stirn noch oben.
- Wie verändert sich Ihre Stimmung?

Der Brief an die Eltern

Schreiben Sie einen Brief an Ihre Eltern, in dem Sie ihnen berichten, wie es Ihnen im Moment mit Ihrem Partner und Ihrer Liebe geht. Erläutern Sie ihnen, was Ihr heutiges Beziehungsproblem mit Ihrer Kindheit und Jugend zu tun haben könnte. Schreiben Sie diesen Brief nicht als Anklage oder Vorwurf. Versuchen Sie Ihren Eltern zu beschreiben, wie Sie durch sie wurden, was Sie heute sind. Beschreiben Sie, wie Sie innerlich mit dem umgehen, was Sie „von zu Hause“ mitbekommen haben. Beschreiben Sie, was Ihnen davon hilft und was Sie heute eher hindert. Laden Sie Ihre Eltern ein, Ihnen zu antworten. Vielleicht treffen Sie sich dazu sogar persönlich.

Achten Sie beim Schreiben darauf, ob Sie Ihren Eltern insgeheim ein Stück Verantwortung für Ihr Unglück zuschieben; Sie wären nicht der erste. Womöglich meldet sich da ein kleiner, trotziger Berater in Ihnen, der immer noch darauf wartet, von seinen Eltern erlöst zu werden.

Es gibt auch eine große Variante dieser Übung: Nehmen Sie sich eine ganze Nacht Zeit. Bleiben Sie alleine zu Hause. Denken Sie gründlich über sich, Ihre Beziehung und Ihre Eltern nach. Legen Sie Pausen ein, in denen Sie kleine Achtsamkeitsübungen oder etwas Gymnastik machen. Denken Sie wieder an Ihre Eltern, Ihre Liebesbeziehung und das, was Sie Ihren Eltern dazu sagen möchten. Auf welche Art genau wollen Sie Ihren Eltern beschreiben, wie Ihr Leben heute ist und was dies mit der Zeit zu tun hat, in der Sie mit ihnen lebten? Nehmen Sie sich Zeit dafür, diesen Zusammenhängen genau auf den Grund zu spüren. Wenn Sie es schaffen, bleiben Sie bis zum Morgengrauen auf und schreiben Sie den Brief erst dann.

Sollten Sie den Brief an Ihre Eltern nicht abschicken können, weil die Beziehung mit ihnen zu sehr zerrüttet ist oder Ihre Eltern nicht mehr leben, können Sie ihn auch rituell im Morgengrauen verbrennen, so dass die Asche in den Himmel aufsteigt und in alle Winde verstreut wird. Sie erreichen so eine Art „magische" Zustellung, die manchmal auch über Sprachlosigkeit und den Tod hinaus wirkt.

Die „erwachten" Eltern

Dies ist eine interessante Übung, die in einer erweiterten Form gerne in der Psychotherapie angewendet wird. Sie kann sehr tief gehen. Ihr Prinzip ist einfach:

Stellen Sie sich vor, Ihre Mutter oder Ihr Vater würde gleich zu Ihnen kommen. Sie stünden schon vor Ihrer Zimmertür. Aber Ihre Eltern wären nicht so, wie Sie sie kennen, sondern sie wären *aufgewacht*. Aufgewacht heißt hier, dass Ihre Eltern nicht mehr in ihre eigenen Muster verstrickt wären. Sie hätten zu ihrem eigenen Wesenskern gefunden. Sie könnten jetzt von diesem Ort aus, ganz innen bei sich, zu Ihnen sprechen. Sie würden nichts mehr von Ihnen fordern, Ihnen nichts mehr vorwerfen. Sie würden Sie nicht mehr wegschicken und Sie nicht mehr strafen. Sie würden Sie nicht mehr einengen, und sie würden Ihre Grenzen achten. Sie würden wissen, wie eingeschränkt sie selber als Eltern für Sie waren. Sie würden fühlen können, welchen Schmerz und welche Dellen sie damit bei Ihnen hinterlassen haben. Sie würden sich für Sie interessieren und Ihnen respektvolle Unterstützung anbieten. Sie würden wissen, was sie Ihnen alles an Gutem und Schlechtem mitgegeben haben. Sie würden sich ein bisschen schämen für das Schlechte, und sie würden sich freuen über das Gute. Sie kämen, so erwacht, vorsichtig zu Ihnen ins Zimmer.

Was würde es in Ihnen auslösen, Ihre Eltern so zu erleben?

Die meisten Menschen können sich erst einmal nicht vorstellen, dass ihre Eltern wirklich *aufwachen* könnten, obwohl sie ein sehr klares Bild davon haben, wie ihre Eltern dann wären.

Lassen Sie Ihr Bild auf sich wirken. Schließen Sie vielleicht ein wenig die Augen. Versuchen Sie, sich den Blick Ihrer erwachten Eltern, dort an der Tür, vorzustellen. Versuchen Sie sich die tiefe Freude Ihrer Eltern vorzustellen, jetzt so erwacht, dem eigenen Kind endlich gegenübertreten zu dürfen. Lauschen Sie auf Ihren eigenen Zweifel. Es kann sein, dass Sie in sich eine schmerzhafte Spannung zwischen dem spüren, was Sie tatsächlich mit Ihren Eltern erlebt haben, und dem, was mit den „idealen" Eltern möglich gewesen wäre.

Wenn Ihnen das Eintauchen in diese neue Elternwelt gelingt, werden Sie sehr berührt sein. Diese Übung hilft Ihnen, tiefe Selbstverständlichkeiten in sich zu spüren. Ihr inneres Elternbild wird konfrontiert mit einem neuen, wesensnäheren Bild Ihrer Eltern. Diese neuen, erwachten Eltern interessieren sich für Sie. Sie bleiben da und bieten Kontakt an. In dieser phantasierten Welt spüren Sie, dass Sie von Ihren Eltern anerkannt werden und angenommen sind. In dieser Welt könnten Sie alte, unangenehme Erlebnisse aussprechen, und Ihre Eltern würden von Herzen antworten. Sie könnten Ihre Eltern aus Ihren leisen inneren Vorwürfen entlassen und ein Stück weiter in Ihre eigene, erwachsene Verantwortung und Handlungsfähigkeit gelangen. Kraft, Zeit und Raum würden frei werden. Ihr Blick könnte sich entspannen.

Natürlich ist es bloß „ausgedacht"; dennoch kann es wirken, weil wir alle eine Ahnung davon haben, wie unsere Eltern eigentlich – hinter ihren eigenen Einschränkungen – sind. Und natürlich sind es dort freundliche und interessierte Wesen, die ihre Kinder, also Sie, uneingeschränkt lieben. Es ist nur eine kleine Geschichte, die ich Ihnen hier erzähle. Es sind nur meine Worte. Ihre echten Eltern bleiben vielleicht so, wie sie sind und waren. Aber die Phantasie der *aufgewachten Eltern* kann als neue, verändernde Kraft in Ihnen wirken:

- Was wäre heute in Ihrem Lebensgefühl anders, wenn Sie solche Eltern gehabt hätten?
- Wären Sie entspannter? Wäre Ihr Herz offener?
- Wie wäre heute Ihr Zugang zu Zärtlichkeit und Sexualität?
- Hätten Sie mehr oder weniger Kinder, als Sie jetzt haben?
- Hätten Sie heute denselben Partner?
- Hätten Sie heute dieselben Probleme?

Stellen Sie sich jetzt vor, Ihr Vater oder Ihre Mutter würde sich, so aufgewacht, hinter Sie stellen und Ihnen den Rücken stärken:

- Wie könnten Sie dann mit den Problemen in Ihrer Beziehung umgehen?

Stellen Sie sich jetzt einmal vor, Ihr Partner würde Ihnen, mit seinen aufgewachten Eltern im Rücken, gegenübertreten:

- Was wäre an dieser Begegnung anders als sonst?

Und stellen Sie sich schließlich vor, Ihr Partner und Sie selbst wären *aufgewacht*:

- Wie würden Sie Ihre Beziehungskrise angehen?

Experiment:

- Schließen Sie die Augen und bemerken Sie, wie schwer oder leicht Sie gerade auf Ihrem Stuhl sitzen.

Übungen zur Begegnung

In diesem Teil finden Sie Übungen, die Sie gemeinsam mit Ihrem Partner machen können. Es sind kommunikative Übungen, in denen einerseits bestimmte Aspekte Ihrer Liebesbeziehung hervorgehoben werden, andererseits geht es um das achtsame Lauschen auf den Moment der Begegnung. Wann und wie verschwimmen Sie mit Ihrem Partner? Können Sie sich erlauben, loszulassen? Haben Sie eher Angst, vereinnahmt zu werden, oder Angst, zu vereinnahmen? Wie tief trauen Sie sich in diesen Strudel?

Je nach aktuellem Zustand Ihrer Beziehung werden Sie die Übungen unterschiedlich ausgestalten und erleben. Auch wenn Sie in einer Phase des Selbstschutzes, der Abwehr oder der Distanzierung sind, können Sie alle Übungen gemeinsam machen. Es kann eine interessante und mutige Erfahrung sein, trotz Verärgerung oder Kränkung in eine Übung mit dem Partner zu gehen.

Die acht Bereiche

Für Ihre Entwicklung ist es sinnvoll, dass Sie sich einen Überblick über Ihre gemeinsame Lebenssituation verschaffen. Sie können Ihr Leben dazu in acht grundsätzliche Bereiche einteilen:

- *Beruf* – die Tätigkeit, mit der Sie Ihr Geld verdienen;
- *Berufung* – das, wofür Sie auf dieser Welt sind;
- *Ursprungsfamilie* – Vater, Mutter, Geschwister, Oma, Opa;

- *Jetzige Familie* – Partner, Kinder, evtl. Ex-Partner;
- *Soziales Umfeld* – Freunde, Kollegen usw.;
- *Körper* – Befinden, Sex, Sport, Essen, Trinken usw.;
- Ihr Bezug zur *Natur*;
- *Spiritualität* – die Frage, was hinter allem ist. Für viele erst ab einem Alter über 45 Jahren interessant.

Je mehr Sie und Ihr Partner sich jedem dieser acht Bereiche bewusst zuwenden, desto glücklicher können Sie in Ihrer Liebesbeziehung werden. All diese Dimensionen Ihres Lebens stehen in Wechselwirkung zueinander:

Haben Sie einen Beruf, in dem Sie nicht glücklich sind, brauchen Sie deshalb vielleicht mehr „Extraportionen Zuwendung" von Ihrem Partner, oder Sie „müssen" mehr Sport treiben, um zufrieden zu werden. Ist Ihre Berufung zu weit von Ihrem Beruf entfernt, fehlt Ihnen ein Stück wichtige Erfüllung. Sie verbringen dann viel Zeit mit etwas, das Ihnen eine finanzielle Lebensgrundlage verschafft, Sie aber in der Tiefe nicht ausreichend berührt. Liegen Beruf und Berufung nah genug beieinander, haben Sie eine Quelle, um Unglück in anderen Bereichen Ihres Lebens eine Zeitlang auszugleichen.

Vielleicht erwarten Sie von Ihrem Partner, dass er Ihren fehlenden Austausch am Arbeitsplatz oder die Tatsache, dass Sie nur wenige Freunde haben, kompensiert. Haben Sie dagegen einen lebendigen Freundeskreis, profitiert auch Ihre Liebesbeziehung davon.

Eine gestörte Beziehung zu Ihrem Körper beeinträchtigt Ihr sinnliches Erleben. Eine gute Körperwahrnehmung, lustvolle sportliche Betätigung und ein erfülltes Liebesleben geben Ihnen auch Energie in anderen Bereichen.

Spiritualität – die Frage nach dem Dahinter, nach unserem geistigen Ursprung, der Wunsch nach einer tiefen Verbindung mit der Welt ist vielen Menschen ein Grundbedürfnis. Die Beschäftigung mit diesen Themen bringt innere Erfüllung.

Wie zufrieden sind Sie mit Ihren einzelnen Lebensbereichen? Tragen Sie die Werte in die folgende Tabelle ein.

Tabelle Ihrer Zufriedenheit:

sehr zufrieden								
zufrieden								
neutral								
unzufrieden								
sehr unzufrieden								
	Beruf	Berufung	Urspr.-Familie	Familie	Soz. Umfeld	Körper	Natur	Spiritualität

Nehmen Sie vier unterschiedliche Farbstifte, zwei für Ihren Partner und zwei für sich. Tragen Sie jeweils ein, wie Sie sich selbst und wie Sie Ihren Partner einschätzen. Verbinden Sie die gleichfarbigen Werte mit Linien.

Lassen Sie das Ergebnis auf sich wirken und sprechen Sie darüber. Wie auch immer Ihr individuelles Engagement in den einzelnen Bereichen ausfällt – wichtig für Ihre Liebe ist, dass Sie die Verantwortung für die Folgen übernehmen.

- Wie gefällt Ihnen das Ergebnis?
- Können Sie Wechselwirkungen erkennen?
- Gibt es ganz offensichtliche Löcher in Ihrem Leben?
- Wie wollen Sie damit umgehen?
- Was brauchen und fordern Sie von Ihrem Partner?
- Was braucht und fordert Ihr Partner von Ihnen?
- Was sind Sie bereit zu geben?
- Was können Sie annehmen?
- Schreiben Sie den heutigen Stand incl. Forderungen auf ein Blatt Papier und hängen sie dieses an die Kühlschranktür.
- Wiederholen Sie dies in einem Jahr.

Experiment:

- Verändert sich etwas in Ihnen, wenn Sie Ihren Partner jetzt anlächeln?

Sich zeigen

In dieser Übung geht es darum, dem Partner Ihren aktuellen Gefühlszustand kurz und genau zu beschreiben. Hier lernen Sie, ohne viele Hintergedanken und Schambremsen Ihre

Gefühlswelt zu vermitteln. Es geht hier noch nicht um Vertiefung, um Antworten oder Mitschwingen. Dies ist eine Fortsetzung der *Übungen nach innen*, in denen Sie sich Ihrer Innenwelt bewusster wurden. Sie ahnen und wissen jetzt genauer, welche Kräfte in Ihrer Innenwelt wirken, und können mit diesen Kräften besser umgehen. Nun folgt der zweite Schritt: Sie erweitern Ihre Fähigkeit, diese Innenwelt Ihrem Partner zu offenbaren.

Die Übung:

- Nehmen Sie sich gemeinsam 10 Minuten ungestörte Zeit.
- Machen Sie aus, wer beginnt.
- Als Zuhörer dürfen Sie den anderen nur unterbrechen, wenn Sie wichtige Fragen zum Verständnis haben.
- Der Sprecher besinnt sich kurz (max. 1 Min.) darauf, welche Gefühle und inneren Anteile gerade präsent sind.
- Steigen Sie nur so tief ein, wie Ihr aktueller Beziehungszustand dies verkraften kann. Dies ist nicht der richtige Ort für Geständnisse von Seitensprüngen oder ähnlich brisante Inhalte.
- Sprechen Sie aus, was sich Ihnen innerlich zeigt. Es muss nicht „zu Ende gedacht“ und darf auch widersprüchlich sein. Sie dürfen in unterschiedlichen Schichten Ihrer Seele zum gleichen Thema entgegengesetzte Gefühle haben.
- Suchen Sie keine Lösungen und ziehen Sie keine Konsequenzen.
- Erzählen Sie von Ihrer Innenwelt oder hören Sie nur zu.

- Der Sprecher beginnt, seine aktuellen Gefühle zu schildern und geht dabei von außen nach innen, z. B.: „Mir ist etwas kalt, das ist mir unangenehm.“ Oder „Die Sonne scheint so schön warm auf meine Haut.“ – „Ich bin etwas gehetzt, das ist nicht angenehm“ weiter zu: „Ich habe mich ein wenig gefürchtet vor diesem Gespräch.“ Oder: „Ich freue mich, dich zu sehen.“ - „Unser Streit von gestern abend hängt mir noch nach.“ Oder: „Gestern im Kino habe ich mich dir so nah gefühlt.“ – „Ich bin verärgert über deine Art mit den Kindern.“ Oder: „Mir fehlt der Sex mit dir.“ Vielleicht sogar bis hin zu: „Ich zweifle immer noch an unserer Liebe.“ Oder: „Manchmal sehne ich mich nach meiner eigenen Zweizimmerwohnung.“ Oder: „Ich fühle mich bei dir nicht gut aufgehoben.“ Oder: „Ich bin immer wieder recht einsam in unserer Ehe.“
- Erzählen Sie aus Ihrer Innenwelt, machen Sie ihren Partner nicht verantwortlich.
- Wechseln Sie nach kurzer Zeit. Das Ganze braucht nicht länger als 10 Minuten zu dauern.
- Bedanken Sie sich am Ende bei Ihrem Partner.
- Ziehen Sie keine Konsequenzen aus dem hier Gesagten oder Gehörten.

Diese Übung wirkt über die Zeit. Ich habe sie bewusst einfach und kurz gestaltet, damit Sie sie gut wiederholen können. Am Anfang werden Ihre Äußerungen wahrscheinlich etwas oberflächlicher sein. Sie müssen sich erst damit anfreunden, Ihrem Partner diesen Einblick in Ihre Innenwelt zu gewähren. Mit der Zeit werden Sie lernen, tiefere und auch unangenehme Gefühle selbstverständlicher zu vermitteln. Ihre Liebesbeziehung wird noch mehr zu einem angenehmen Platz für Ihr weiches, inneres Wesen werden. Eine erweiterte Form dieser Übung finden Sie im Kapitel *Das Zwiegespräch*.

Experiment:

- Singen Sie mit Ihrem Partner zusammen ein Kinderlied.

Beziehungsraum

In dieser Übung geht es um ein räumliches Abbild Ihrer Liebesbeziehung. Es ist eine Art von Aufstellungsarbeit. Die Übung besteht aus zwei Teilen. Im ersten geht es um Erkenntnisgewinn: Wie steht es um Sie und Ihre Liebe? Im zweiten Teil geht es um Ihre Entwicklung. Die Abbildung mithilfe von Symbolen und Zettelchen hilft Ihnen dabei, einen Überblick zu gewinnen. Sie können dann – im wahrsten Sinne des Wortes – ein Stück zurücktreten und aus der Entfernung Zusammenhänge erkennen und Ihren Blick fürs Ganze schärfen.

Erster Teil:

- Sie brauchen dazu ein ca. fünf Meter langes Seil, mit dem Sie auf dem Fußboden Ihren Beziehungsraum darstellen.

- Legen Sie das Seil entsprechend Ihrer Beziehung entweder zu einem geschlossenen Kreis oder zu einem offenen Kreis, wenn Ihre Beziehung offen ist. Mit *offen* ist sowohl eine sexuell offene Beziehung als auch eine emotional noch oder wieder offene Beziehung gemeint.
- Nehmen Sie nun Symbole (Kissen, gerne mit Zettelchen für den Namen des Symbols) für sich und Ihren Partner und platzieren Sie diese entsprechend Ihrem Empfinden im Raum. Versuchen Sie dabei, durch die Entfernung und Position der Symbole zueinander die Verhältnisse in Ihrer Innenwelt abzubilden.
- Suchen Sie nun alle Menschen, Verpflichtungen, Ereignisse usw., die eine wichtige Rolle in Ihrer Beziehung spielen: Kinder, Arbeit, Geld, Liebe, Freunde, Seitensprung, Eltern, Ausbildung, Projekte, Streit ... Legen Sie auch dafür Symbole in den Raum.
- Legen Sie die Symbole entsprechend Ihrer Empfindung innerhalb oder außerhalb des Beziehungsraumes auf den Boden.
- Betrachten Sie in Ruhe die Symbole und deren Verhältnis zueinander und sprechen Sie darüber.

Viele Symbole werden Sie gemeinsam an dieselbe Stelle legen. Bei diesen Themen stimmen Sie in der Betrachtung überein. Andere Symbole werden Sie unterschiedlich ordnen wollen. Gehen Sie die einzelnen Möglichkeiten miteinander durch. Sollten Ihre Ansichten zu sehr voneinander abweichen, kann es sinnvoll sein, für einzelne Themen zwei Symbole hinzulegen: eines dort, wo Ihr Partner es sieht, und eines dort, wo Sie es sehen. Fragen Sie nach, bis Sie verstehen, warum Ihr Partner einen bestimmten Platz bevorzugt. Erklären Sie Ihre Positionen, bis Sie sicher sind, dass Ihr Partner Sie verstanden hat.

Im zweiten Teil der Übung geht es darum, dass Sie gemeinsam die Symbole so zurechtschieben, dass ein für Sie beide stimmigeres Bild entsteht. Trauen Sie sich, zu experimentieren. Fragen Sie Ihre weichen Seiten. Zeigen Sie Ihrem Partner, wo und wie Sie die einzelnen Elemente gerne hätten. Streiten Sie um die Positionen. Nehmen Sie sich Zeit. Fragen Sie nach, erklären Sie genau. Schieben Sie so lange, bis Sie mindestens zu achtzig Prozent zufrieden sind.

- Was brauchen Sie in sich, damit Sie dieses stimmigere Bild in Ihrer Liebesbeziehung erreichen können?
- Was brauchen Sie dafür von Ihrem Partner?
- Was sind Sie bereit zu geben?
- Wo sind Ihre Grenzen?

Nehmen Sie das Ergebnis als einen Hinweis auf Ihre Zukunft. Betrachten Sie es nicht als ein unumstößliches Ziel.

Einfache Beziehungsmuster

In dieser Übung geht es darum, dass Sie Ihre täglichen kleinen Fallstricke erkennen und beseitigen – Beziehungsmuster, die Ihre Begegnung bremsen. In der folgenden Liste finden Sie die Klassiker aus meiner Praxis:

Unklare Begrüßung – unsicherer Abschied – Dominanz im Gespräch – mangelnde Sensibilität im Bett – Verletzendes und nachtragendes Streitverhalten – Instrumentalisieren der Kinder – Eifersucht – für Männer: nicht kuscheln „können", wenn es keinen Sex gibt – für Frauen: Wünsche nicht klar äußern.

- Einigen Sie sich mit Ihrem Partner, ob und welche Muster Ihren gemeinsamen Alltag bremsen.
- Beschreiben Sie sich die Abläufe möglichst genau, im Zweifelsfall mithilfe von Papier und Stift.
- Erklären Sie Ihrem Partner möglichst genau, warum Sie dieses Muster bremst.
- Denken Sie sich mit Ihrem Partner einen für Sie beide angenehmeren Ablauf aus.
- Diese Übung klappt umso besser, je großzügiger Sie dabei miteinander sind.
- Proben Sie die neuen Abläufe wie ein kleines Theaterstück.

Ein altes Muster könnte sein: Sie kommt nach Hause, er sitzt am PC und schaut nicht einmal auf. Neues Muster A: Sie kommt nach Hause, er sitzt am PC – er schaut auf oder steht kurz auf und begrüßt sie ganz bewusst. Er übernimmt hierbei die Verantwortung dafür, dass seine Aufmerksamkeit auch wirklich bei ihr ankommt. Neues Muster B: sie kommt nach Hause, er sitzt am PC – sie geht freundlich zu ihm hin, legt ihm kurz ihre Hand auf die Schulter, sagt: „Hallo" und respektiert, dass er gerade beschäftigt ist.

Sie üben hier, großzügig mit Ihrem Partner zu sein und ein bisschen über Ihren eigenen Schatten zu springen. Allein schon durch Ihr Bemühen, gemeinsam diese Muster zu bearbeiten, schenken Sie Ihrem Partner Zuwendung und Aufmerksamkeit. Sie lernen ein Stück mehr, ein Problem nicht mehr als zwischen Ihnen stehend zu erleben, sondern als etwas, auf das Sie gemeinsam Einfluss nehmen können. So werden diese neuen Muster oft zu kleinen Geschenken.

Natürlich sind es meist nicht diese kleinen Verhaltensweisen, die kränken, sondern der damit verbundene Abbruch der Kommunikation. Einer von beiden fühlt sich alleingelassen und nicht respektiert. Ob das nun dadurch entsteht, dass der andere wirklich ignorant ist, oder ob der Alleingelassene keinen Weg aus seinem Labyrinth findet, ist dabei erst einmal nicht so wichtig.

Vielleicht entdecken Sie hinter einer ignoranten Begrüßung oder unpersönlichem Sex eine andere Unzufriedenheit – etwas, das Sie bisher über diesen Seitenweg indirekt ausgehandelt haben.

Wer macht was?

Hier erstellen Sie ein Abbild Ihrer momentanen Lebensstruktur. Viele Paare sind der Meinung, dass sie ihren Alltag gerecht aufgeteilt haben, dabei werden oft die überhängenden Enden von einem Partner unbemerkt mit übernommen. Klassischerweise sind es bei den Haushaltsdingen immer noch die Frauen, die dies schweigend tun, und beim Geldverdienen die Männer. Wird der Druck durch äußere Ereignisse zu groß (Kinder kommen, Berufswechsel, Ortswechsel, Hausbau, Krankheit) oder kommt es aus inneren Gründen zu einer Beziehungskrise, so sinkt diese Toleranzschwelle ganz natürlich. Besonders wenn das erste Kind kommt, ist plötzlich eine ganz andere Qualität der Absprachen notwendig. Dabei geht es nicht nur um die gerechte Verteilung der einzelnen Aufgaben, sondern auch um die gefühlte Verantwortungsübernahme.

Die Übung besteht aus zwei Teilen. Im ersten Teil geht es um die Pflichten, um das, was Sie im Alltag organisieren müssen. Schon bei der Auflistung dieser zu erledigenden Dinge werden Sie wahrscheinlich Differenzen darüber haben, was wirklich wichtig ist und was unnötiger Ballast ist.

Im zweiten Teil geht es um die genommenen und gegebenen persönlichen Freiheiten. Besonders wenn Sie kleine Kinder haben, ist dies ein wichtiger Teil. Mit kleinen Kindern ist die vorhandene Zeit in Ihrer Beziehung plötzlich – wie bei kommunizierenden Röhren – magisch miteinander verbunden. Die Zeit, die Sie beide vor der Geburt noch für sich hatten, ist jetzt durch das Kind scheinbar halbiert. Geht Ihr Mann aus oder seiner Arbeit nach, haben Sie als Frau das Kind – geht Ihre Frau aus oder ihrer Arbeit nach, haben Sie als Mann das Kind.

Auch andere, besondere Lebenssituationen wie sehr lange Arbeitszeiten, chronische Erkrankung eines Partners, Diplom- oder Doktorarbeiten, pflegebedürftige Eltern oder sonstige temporäre Einschränkungen gehören in das momentane Gesamtbild.

Erster Teil:

- Setzen Sie sich zusammen und schreiben Sie auf, was Sie im Moment alles organisieren und verantworten: Kinder, Kochen, Wäsche, Essen, Einkaufen, Putzen, Geld verdienen, Garten, Freundeskreis pflegen, Eltern pflegen, Haus bauen, ums Auto kümmern, Reisen planen, Finanzüberblick, Renovieren, „Hausmeisterarbeiten“.

- Beschränken Sie sich zunächst auf die Dinge, die zu tun sind. Lassen Sie die Freiheiten erstmal unbeachtet.
- Versuchen Sie möglichst genau zu beschreiben, wie es im Moment wirklich ist. Nicht, wie Sie es gerne hätten oder sehen wollen.
- Lassen Sie sich nicht durch Einwände Ihres Partners bremsen!
- Lauschen Sie dabei auf Ihre kleinen inneren Dialoge wie: „Ach, dafür macht er aber dies und jenes.“ – „Das ist nicht so wichtig.“ – „Das mache ich doch eh.“ – „Das kann sie doch sowieso nicht.“ – „Das hört ja bald auf.“ – „Nur noch diese Woche.“ – „Er kann ja nicht so, weil er krank ist.“
- Erzählen Sie Ihrem Partner von diesen inneren Dialogen.
- Sprechen Sie Ihren Partner darauf an, wenn Sie bestimmte seiner inneren Dialoge schon kennen oder vermuten.
- Bringen Sie das Ganze in eine übersichtliche Form, in der Sie erkennen können, wer wieviel macht, vielleicht als Liste, als Diagramm oder Bild. Dazu ist es sinnvoll, das Ganze so oft neu zu schreiben, bis für Sie beide ein stimmiges Bild entsteht. Im Neuschreiben hat Ihr Unbewusstes Zeit, neue Gedanken, Sichtweisen und Verknüpfungen beizusteuern.

- Eine schöne Art, die Aufteilung sichtbar zu machen, ist es, wenn Sie jedes Thema auf einen kleinen Zettel schreiben und mithilfe von zwei langen Schnüren zwei sich überschneidende Kreise auf den Boden legen. Der eine Kreis ist für Ihre Aufgaben, der andere für die Ihres Partners. In der Überschneidung finden alles Dinge Platz, die Sie gemeinsam erledigen.
- Hören Sie erst auf, wenn Sie beide mit diesem Abbild Ihrer Pflichten zu 80 % einverstanden sind.
- Es kann unangenehm für Sie sein, Ihrem Partner gegenüber zuzugeben, dass Sie in manchen Bereichen deutlich weniger Verantwortung übernehmen, als Sie bisher dachten.
- Tun Sie es trotzdem!

Machen Sie an dieser Stelle eine Pause. Lassen Sie das Ergebnis auf sich wirken.

- Versuchen Sie jetzt, eine gerechtere Verteilung Ihrer Pflichten zu besprechen. Hierbei hat sich das Prinzip der „Neigungsgruppen“ bewährt. Manche bringen lieber den Müll runter, als die Betten zu machen. Andere kochen lieber, als das Auto in die Werkstatt zu bringen.
- Fixieren Sie das Ergebnis schriftlich.
- Verabreden Sie einen Termin in 2 bis 3 Monaten, an dem Sie die Verteilung noch einmal besprechen.

Zweiter Teil:

- Setzen Sie sich zusammen und machen Sie eine Liste aller Dinge, die Sie beide für sich selbst tun. Hier haben Sie eine Referenz zu den Punkten im Kapitel *Die acht Bereiche*: viel und gerne arbeiten, Sport, reisen, Ursprungsfamilie besuchen, Kirche/Religion, Freundeskreis, Natur, Chor, Werken, Handarbeit, Fotografie, Internet, Computer, lesen ...

Wenn Sie genügend Qualitäts-Zeit mit Ihrem Partner verbringen, brauchen Sie hier nicht weiterzulesen. Sollten Sie jedoch das Gefühl haben, zu kurz zu kommen oder sich für Ihren Partner zu sehr einschränken zu müssen, lesen Sie weiter.

- Lesen Sie sich abwechselnd Ihre einzelnen persönlichen Beschäftigungen vor und kommentieren Sie diese Ihrem Partner gegenüber mit einem Satz in der Art: „Ich bin gerne mit dir zusammen, und ... mache ich oft/manchmal lieber, als mit dir Zeit zu verbringen“
- Sie ahnen den Zündstoff in diesem Teil der Übung? Seien Sie entsprechend behutsam.
- Durch diese Art des Aussprechens werden Prozesse angeregt: ein Prozess in Ihnen selbst (Sie stehen zu dem, was Sie ohnehin tun) und ein Prozess in Ihrem Partner (er bekommt bestätigt, dass es so ist, wie er es erlebt).
- Jetzt können Sie gemeinsam versuchen, Ihre unterschiedlichen Bedürfnisse nach Qualitäts-Zeit mit dem Partner so weit anzugleichen, dass

keiner sich zu sehr bedrängt und keiner sich zu sehr abgelehnt fühlt.

- Bedenken Sie auch hier wieder: Sie werden nicht alles bekommen!

Ein häufiger Sonderfall sind Mütter kleiner Kinder. Sie haben einerseits den gesunden Wunsch, ständig in der Nähe ihrer Säuglinge zu sein, sind andererseits aber oft an der Grenze ihrer Belastbarkeit. Hier kann es wichtig sein, mithilfe des Partners klare Freizeitregelungen zu treffen. Sie können z. B. einen festen Abend in der Woche vereinbaren, an dem die Frau frei haben „muss" – entweder, indem sie in einem anderen Zimmer schläft oder ausgeht oder beides. Manchmal muss hier der Mann tatsächlich diese freie Zeit für seine Frau gegen ihre erschöpfungsbedingte Trägheit durchsetzen. Es ist sehr sinnvoll, mindestens einen festen Tag in der Woche zu vereinbaren, an den sich beide halten und den beide in ihr restliches Leben einbauen. Wenn Sie z. B. immer donnerstags frei haben *müssen*, wissen das auch bald Ihre Freundinnen und melden sich entsprechend.

Sie können in der Phase nach der Geburt zu diesem Thema kompetente Beratung von der nachbetreuenden Hebamme oder einer Still- und Schlafberaterin bekommen. Beide Leistungen werden von den Krankenkassen übernommen.

Der stille Augenkontakt

Mit dieser Übung stellen Sie eine besondere Intensität her. Ihre eigenen Filter und inneren Vorbehalte gegenüber Ihrem Partner werden sichtbarer.

Nehmen Sie sich zwei bequeme Stühle und zwanzig Minuten ungestörte Zeit. Setzen Sie sich einander bequem gegenüber. Lehnen Sie sich zurück oder beugen Sie sich vor; Sie dürfen beweglich bleiben. Stellen Sie eine Uhr auf und sehen Sie sich etwa zehn Minuten schweigend an. Schauen Sie sich in die Augen, ins Gesicht, betrachten Sie Ihren Partner im Ganzen. Variieren Sie. Lauschen Sie auf Ihre inneren Stimmen. Was fühlen Sie in Ihrer Seele und in Ihrem Körper, wenn Sie Ihren Partner so lange anschauen? Wie ist es für Sie, so lange angeschaut zu werden?

Fühlen Sie Liebe?

Fühlen Sie Zweifel?

Können Sie sich entspannen?

Ziehen Sie sich aus Ihrem Körper zurück?

Sind Sie gut genug?

Ist Ihr Partner gut genug?

Kann Ihr Partner Sie aushalten?

Können Sie Ihren Partner aushalten?

Werden Sie ärgerlich?

Fühlen Sie gar nichts?

Bemerken Sie bei sich Resignation?

Empfinden Sie Verachtung?

Was passiert, wenn Sie lächeln?

Werden Sie traurig?

Bekommen Sie Sehnsucht? Wonach genau?

In diesen stillen zehn Minuten wird Ihnen einiges an Ihnen selbst, Ihrem Partner und Ihrer Haltung zueinander bewusst werden. Sie werden sich und Ihren Partner ein Stück genauer erkennen.

Sprechen Sie darüber, was Sie in den zehn Minuten erlebt haben. Da viele Partner durch das lange Sitzen, Schweigen und Wahrnehmen sehr aufgeladen sind, hat es sich bewährt, dieses Gespräch in einem anderen Raum oder bei einem kleinen Spaziergang zu führen.

Wenn Sie diese Übung nicht mit Ihrem Partner machen wollen – oder Ihr Partner das nicht möchte –, können Sie sie auch unbemerkt machen. Lassen Sie sich mit Ihrem Partner ab und an etwas mehr Zeit, schauen Sie ihn ein wenig mehr an, sprechen Sie etwas weniger. Lehnen Sie sich z. B. im Freundeskreis zurück und beobachten Sie ihn einige Atemzüge lang. Wenn Sie mutig sind, probieren Sie aus, was passiert, wenn Sie Ihrem Partner ab und an etwas länger in die Augen schauen. Sie werden erstaunt sein.

Als Steigerung können Sie diese Übung unbekleidet machen. Das eigene Nacktsein und die Nacktheit des Partners auf diese Weise zu erleben, kann Sie zu einer angenehm tiefen Selbstverständlichkeit führen.

Experiment:

- Erfüllen Sie Ihrem Partner in der kommenden Woche heimlich einen seiner Wünsche. Sprechen Sie nicht mit ihm darüber.

Was fühlt mein Partner?

In dieser Übung geht es um Ihre Fähigkeit, die Gefühlswelt Ihres Partners feiner wahrzunehmen. Besonders im krisenhaften Beziehungsalltag fällt es oft schwer, genauer hinzusehen. Bei starken Kränkungen und latentem Ärger neigen wir dazu, Äußerungen unseres Partners als subtile Angriffe oder Zurückweisungen zu deuten, auf die wir dann – aus einem Empfinden tiefer Berechtigung heraus – mit einem Gegenschlag reagieren.

Für die Übung brauchen Sie etwa zwanzig Minuten Zeit, einen Raum und zwei Sessel. Setzen Sie sich so gegenüber, dass Sie Ihren Partner im Ganzen sehen können, also in zwei bis drei Meter Abstand. Einer beginnt damit, den anderen fünf Minuten lang von außen nach innen zu beschreiben.

- Beginnen Sie mit seiner Kleidung. Lassen Sie sich dabei Zeit. Schuhe? Welche Art von Socken? Beschreiben Sie die Hose genau. Gestreift, blau, Jeans? Wie viele Taschen? Sind die Taschen leer oder voll? Hemd, Bluse, Rock. Schimmert der BH durch? Wie? Jacke, Halstuch?
- Werden Sie dann körpernäher. Wie sind die Hände? Fingernägel? Zu lang? Lackiert? Welche Farbe? Welche Haarfarbe, welche Frisur? Wie geschminkt? Graue Haare? Schmuck? Ohrringe? Ehering? Lassen Sie sich dabei Zeit.
- Beginnen Sie jetzt mit der Sitzhaltung. Sitzt Ihr Partner entspannt? Zu lässig? Sitzt er aufrecht, stehen seine Füße auf dem Boden? Sind seine Arme verschränkt? Sind seine Hände offen oder geschlossen? Ist er eher entspannt oder eher angespannt?
- Interpretieren Sie jetzt seinen emotionalen Ausdruck – Gesicht, Körperhaltung usw. Guckt er

böse, ängstlich, neugierig, neutral oder gelangweilt? Ist er zugewandt oder abgewandt? Steht er unter Dampf, oder ist er entspannt? Ist er präsent oder eher abwesend? Nehmen Sie sich Zeit, Ihren Partner ausführlich zu beschreiben.

Besprechen Sie gemeinsam, wie es Ihnen damit ging, zu beschreiben oder beschrieben zu werden. Was hat Ihr Partner treffend beschrieben, und wo fühlen Sie sich anders? Manchmal hilft uns unser Partner mit seiner Beschreibung, unsere eigenen kleinen blinden Flecken besser zu sehen. Manchmal ist es auch ein blinder Fleck des Partners, der hier sichtbar wird.

Wechseln Sie die Rollen.

Das Zwiegespräch

Diese Art des Zwiegesprächs ist durch den Psychoanalytiker und Buchautor Michael Lukas MOELLER bekannt geworden. In regelmäßigen Paargesprächen nimmt Ihr Partner Sie auf eine *geführte Reise* in seine Innenwelt mit. Sie erlangen ein tieferes Verständnis seiner Vielschichtigkeit. So können belastbarere, von beiden Seiten wirklich akzeptierte Strukturen entstehen.

Vereinbaren Sie einen festen einstündigen Termin im Abstand von zwei Wochen. Sie können die Gespräche zu verabredeten Themen – Sexualität, Streit, Kinderwunsch, Erziehung – führen oder sich durch Ihre Innenwelt inspirieren lassen.

Hier die Regeln:

- Oberstes Gebot ist es, immer wieder eine Atmosphäre der Offenheit und des gegenseitigen Interesses herzustellen und zu erhalten.
- Der Satz: „Ich interessiere mich dafür, wie du die Welt siehst“ kann Ihnen dabei immer wieder als Leitfaden dienen.
- Suchen Sie keine schnellen Lösungen in diesen Gesprächen.
- Für die ersten Versuche ist es sinnvoll, dass zuerst der eine seine Ideen und seine Innenwelt entwickelt und der andere die Rolle eines freundlichen Geburtshelfers übernimmt. Mit der Zeit werden Sie in einen flüssigeren Dialog kommen.
- Erzählen Sie Ihrem Partner, wie Sie zu bestimmten Themen stehen. Beschreiben Sie Ihre Gefühle dazu. Lassen Sie Ihren Partner an Ihrer Innenwelt teilhaben.
- Lassen Sie einander in Ruhe aussprechen, auch wenn es länger dauert.
- Vergewissern Sie sich, ähnlich wie beim Wiederholenden Sprechen, dass Sie beide dasselbe meinen und verstehen.
- Versuchen Sie, auch unangenehme Wahrheiten respektvoll mitzuteilen und anzunehmen.
- Es darf Sie erst einmal irritieren, was Sie da hören, dennoch ist es Teil Ihres Partners und damit ein Teil Ihrer Liebesbeziehung.
- Sollte Sie der Inhalt emotional zu sehr berühren, können Sie eine kleine Pause einlegen.

- Bedanken Sie sich am Ende des Gesprächs bei Ihrem Partner.

Von dem eingangs erwähnten Autor gibt es mehre Bücher mit einer genauen Beschreibung und ausführlichen Transkripten.

Experiment:

- Ziehen Sie Schuhe und Socken aus und gehen Sie einige langsame Runden in Ihrem Zimmer im Kreis.
- Versuchen Sie dabei, Ihre beiden Fußsohlen gleichzeitig zu spüren.

Zeitlinie

Diese Übung ist ein schönes Werkzeug, um sowohl die Entwicklung Ihrer Beziehungskrise besser zu verstehen als auch neue gemeinsame Ziele zu suchen. Es kann eine sanfte Übung sein, die Ihre momentane Situation in einen größeren Rahmen setzt. Sie kann aber auch grundlegend unterschiedliche Wünsche sichtbar machen. Sie legen eine Zeitlinie, die Vergangenheit und Zukunft einschließt.

Die Betrachtung der Vergangenheit hilft Ihnen, die tieferen Ursachen Ihres Problems zu erkennen. Wenn z. B. jemand fremdgeht, macht er dies vermutlich nicht aus heiterem Himmel, sondern weil er schon länger unglücklich in seiner Beziehung ist. Der Prozess des Auseinanderlebens eines

Paares hat irgendwann in der Vergangenheit seinen schleichenden Anfang genommen. Im Laufe ihrer Beziehungsgeschichte können Paare viele kleinen Weichen hin zur Krise stellen. Die Symptome *Einander-fremd-Sein* und *Fremdgehen* markieren ein bereits fortgeschrittenes Stadium. Es ist nach meiner Erfahrung sehr hilfreich, genau die Stellen zu finden, an denen Sie miteinander hätten sprechen müssen, es aber noch nicht konnten.

Die Zeitlinie hilft, zwischen Anlass und Ursache zu unterscheiden. Lebensereignisse wie die Geburt eines Kindes, eine schwere Erkrankung oder ein Berufswechsel können *Auslöser* sein – die Ursache liegt in der Art und Weise, wie die Partner mit diesen Situationen umgehen.

- Wann haben Sie zum ersten Mal für sich festgestellt, dass Ihre Beziehung in einer Krise steckt?
- Betrachten Sie die letzten drei Jahre vor diesem Zeitpunkt. Welche Ereignisse gab es, und wie haben diese zu Ihrer aktuellen Krise beigetragen?

Für Ihre Zukunft ist die Zeitlinie eine angenehme Form der Visionensuche. Sammeln Sie, was Sie auf Ihrem gemeinsamen Weg erleben wollen. Und vergessen Sie dabei nicht Ihre *unrealistischen* Wünsche. Eine Hilfe, die Wünsche zu finden, ist die Vorstellung, Sie hätten zwanzig Millionen Euro im Lotto gewonnen. Was würden Sie dann noch alles machen wollen, und was könnten Sie auch dann unverändert lassen?

Die Übung:

- Besorgen Sie sich für jedes relevante Familienmitglied ein fünf Meter langes Seil in einer eigenen Farbe sowie Zettel und Stifte.

- Suchen Sie einen Platz in der Wohnung, wo die Seile eine Woche lang ganz ausgerollt nebeneinander liegen können.
- Ihr Partner und Sie legen Ihre beiden Seile zu einem Y auf den Boden. Die Arme des Y sind Ihre jeweiligen Leben vor der Beziehung. Der Treffpunkt der Y-Arme ist ihr Beginn. Von da an laufen Ihre Leben zusammen. Ihre Beziehung lebt.
- In der Mitte der Seile ist *heute*. Legen Sie an diese Stelle einen Zettel mit dem heutigen Datum.
- Das andere Ende ist nicht unbedingt das Ende Ihrer Liebe, sondern einfach ein Punkt in der Zukunft – zehn Jahre, vielleicht zwanzig? Sie bestimmen es selber. Die Punkte auf der Zeitlinie müssen nicht maßstabsgetreu sein.
- Suchen Sie Gegenstände oder schreiben Sie kleine Zettelchen, die die einzelnen Stationen Ihrer Liebe symbolisieren: Bilder, Trauschein, Liebesbriefe, zerschlagenes Geschirr usw.
- Legen Sie diese Gegenstände in chronologischer Reihenfolge auf die Seile. Wenn Sie unterschiedliche Schwerpunkte oder Bewertungen der Ereignisse haben, benutzen Sie beide Seile, um Ihrer Individualität gerecht zu werden. Sie können Ihre unterschiedlichen Haltungen und Wege auch darstellen, indem Sie die Seile so legen, dass sie sich in dem betreffenden Abschnitt nicht durchgehend berühren. Durch die Entfernung der Seile zueinander können Sie so eine innere oder äußere Entfernung zu Ihrem

Partner darstellen (Fernbeziehung, Seitensprung, Zweifel, Krise).

- Wenn Sie Kinder haben, legen Sie ab deren Zeugung für jedes Kind ein eigenes Seil dazu. Sind Ihre Kinder groß genug, können sie die für sie wichtigen Ereignisse selber dazulegen. Oder sie sind schon aus dem Haus; dann nimmt das entsprechende Kind-Seil mit dem Auszug seinen eigenen Weg.
- Sprechen Sie über Ihre gemeinsamen Erlebnisse und Erfahrungen. Was geht heute besser, was schlechter? Was haben Sie dazugelernt? Was haben Sie dazubekommen, und was haben Sie verloren? Was vermissen Sie immer noch in Ihrer Ehe? Was kann so bleiben, wie es ist?
- Versuchen Sie, die Ursachen Ihrer Krise zu finden. An welcher Stelle haben Sie sich verloren? Wo, wie und warum setzte die Sprachlosigkeit ein?
- Beginnen Sie, Symbole für Ihre Zukunftswünsche zu finden. Was brauchen Sie, damit Sie die Krise bewältigen können? Was brauchen Sie als Prävention?
- Was soll noch kommen in Ihrem gemeinsamen Leben?
- Vergessen Sie Ihre unrealistischen und unerfüllbaren Wünsche nicht.
- Was soll aus dem Leben Ihrer Kinder werden? Dürfte Ihr Kind in ein Kloster eintreten oder sich einer rechten Jugendorganisation anschließen?

- Benutzen Sie beide Seile, wenn Sie unterschiedliche Wünsche haben.
- Sie können auch einen bestimmten Zeitraum wie mit einer Lupe hervorheben.
- Nehmen Sie sich ein bis zwei Wochen, diese Zeitlinie fertigzustellen.
- Gehen Sie auch alleine ab und an hin und lassen Sie dieses Symbol Ihrer gemeinsamen Liebe auf sich wirken.
- Machen Sie eine Zeichnung oder Fotos Ihres Werkes!
- Bedanken Sie sich bei Ihrem Partner für die gemeinsame Zeit.

Ich wünsche mir von Dir …

Viele Paare in der Krise trauen sich nicht mehr zu wünschen. Sie ordnen an, sie hatten „doch darum gebeten, dass …", sie wollen, sie brauchen – aber sie wünschen nicht mehr.

Was ist ein Wunsch in der Liebe? Ein Wunsch hat einen Inhalt, ein Ich und ein Du. Sie legen ihn in die Hände Ihres Partners, er kann ihn erfüllen oder auch nicht. Ein Wunsch ist keine Absprache, kein Handel und keine Anordnung. Ein Wunsch ist ein Wunsch. Ein Wunsch in der Liebe ist auch ein Wunsch nach tieferem Kontakt. Ein Wunsch öffnet Ihr Herz, aber er liefert Sie Ihrem Partner auch ein Stück weit aus. Sie können nicht standhaft auf den Zinnen Ihrer inneren Burg bleiben und sich dabei glaubhaft von Ihrem Partner etwas wünschen. Ein Wunsch in der Liebe braucht die Berührung von Ich und Du. Sie müssen aus den Schatten

Ihrer Schutzburgen treten, um diese Brücke miteinander bauen zu können.

Wie erfüllen Sie einen Wunsch? Wenn Sie den Wunsch Ihres Partners formal, aber lieblos erfüllen, bleiben Sie selber in Ihrer Deckung. Sie lassen sich nicht berühren, sondern geben sich für etwas her. Wenn Sie Ihr Herz wieder ein Stück öffnen und aus Ihrer Burg heraustreten, bieten Sie eine Chance zu Nähe und Verständigung. Sie geben sich ein wenig der Begegnung hin, sogar wenn Sie den Wunsch Ihres Partners nicht erfüllen. Ein liebevoll *nicht* erfüllter Wunsch kann viel erfüllender sein als ein lieblos erfüllter Wunsch. Zumindest in der Liebe.

Hier die Übung:

- Sie brauchen einen Raum, in dem Sie etwa vier bis fünf Meter voneinander entfernt stehen und aufeinander zugehen können.
- Die Übung dauert ca. 10 bis 20 Minuten.
- Stellen Sie sich im Abstand von vier bis fünf Metern einander gegenüber auf.
- Nehmen Sie sich etwas Zeit: Atmen Sie bewusst und spüren Sie in Ihren Körper.
- Lassen Sie es ruhiger in Ihnen werden.
- Der, der beginnt, sucht sich innerlich einen Wunsch. Dies sollte ein von der Krise eher unbelasteter Wunsch sein, z. B.: „Ich möchte mit dir nachher ein Stück Kuchen essen gehen."
- Als Wünschender versuchen Sie, den Wunsch intensiv in sich zu spüren. Was verändert sich dabei in Ihrem Körper?

- Gehen Sie langsam auf Ihren Partner zu. Achten Sie bei jedem einzelnen Schritt darauf, ob sich Ihr Wunsch verändert.
- Bleiben Sie so vor Ihrem Partner stehen, dass Sie ihm gut in die Augen blicken können.
- Klopfen Sie jetzt drei Mal bei ihm in der Mitte seiner Brust an. Laden Sie Ihren Partner vernehmbar ein, ohne ihn zu bedrängen. Die Mitte unserer Brust ist mit uns selbst, mit unserer Seele verbunden. Damit ist dieser Bereich für alle *Ich-Du*-Kontakte wichtig. Jemand, dem Sie hinterherrufen, wird auf die Mitte seiner Brust zeigen, während er Sie fragt: „Meinen Sie mich?" Niemand wird dabei auf seinen Bauch oder seinen Kopf zeigen. Etwas geht einem *zu Herzen*, das Kreuzschlagen, die zusammengelegten Hände im Buddhismus, all das zielt auf diese Stelle Ihres Körpers. Wenn Sie innerlich Abstand zu Ihrem Gegenüber nehmen, schützen Sie diese Stelle, indem Sie die Arme verschränken, Ihre Schultern nach vorne ziehen oder Ihr Zwerchfell anspannen.
- Warten Sie einen Augenblick. Lauschen Sie, ob Sie Ihren Partner erreicht haben. Wenn nicht, klopfen Sie noch einmal an.
- Blicken Sie Ihrem Partner in die Augen und sprechen Sie den Wunsch aus.
  Halten Sie den Kopf dabei gerade, oder legen Sie ihn leicht schief?
- Formulieren Sie Ihren Wunsch in etwa so: „Liebe/r ..., ich wünsche mir von dir ..."

- Sprechen Sie den Wunsch einige Male aus, bis Sie mit der Betonung zufrieden sind.
- Lauschen Sie erneut, ob Ihr Wunsch bei Ihrem Partner angekommen ist.
- Der Partner hat nur die Aufgabe, den Wunsch zu hören und auf sich wirken zu lassen. Er soll spüren, ob ihn der Wunsch erreicht und ob er Lust bekommt, sein Herz zu öffnen. Dies kann er durch ein Lächeln zeigen und indem er den Wunsch bildhaft einatmet. Fühlt er sich nicht angesprochen, soll er dem in sich nachspüren, was ihn daran hindert.
- Wenn Sie Ihren Wunsch gebührend vorgebracht haben, gehen Sie wieder auf Ihren ursprünglichen Platz zurück. Spüren Sie dabei, was in Ihnen vorgeht.
- Jetzt ist Ihr Partner an der Reihe. Er kommt zu Ihnen, klopft an und sagt Ihnen, ob und wie er Ihren Wunsch erfüllen will. Dann geht er wieder zurück auf seinen Platz.
- Machen Sie eine kurze Pause. Tauschen Sie anschließend die Rollen.

Setzen Sie sich zusammen und erzählen Sie sich, was Sie erlebt haben. Beachten Sie dabei folgende Punkte:

- Wie haben Sie sich in Ihrem Körper gespürt?
- Konnten Sie Ihren Wunsch so ausdrücken, wie er sich innerlich anfühlt?
- Hatten Sie das Gefühl, mit Ihrem Wunsch bei Ihrem Partner anzukommen?

- Konnten Sie sich für den Wunsch Ihres Partners öffnen? Erläutern Sie Ihrem Partner, was Sie möglicherweise daran gehindert hat.
- Was nehmen Sie mit für Ihren Alltag?

Auch die folgenden Fragen könnten Sie inspirieren:

Konnten Sie lächeln? Fühlten Sie sich berührt? Konnten Sie Ihren Partner im Herzen erreichen? Wird Ihr Wunsch erfüllt werden? Werden Sie den Wunsch Ihres Partners erfüllen? Fiel Ihnen eher das *Ich* oder eher das *Du* schwer? Haben Sie keinen leichten Wunsch gefunden? Wie war das Wieder-Weggehen? Konnten Sie in der Nähe den Geruch Ihres Partners wahrnehmen? Finden Sie Ihren Partner attraktiv? Findet Ihr Partner Sie attraktiv? Wie wurden Ihre Wünsche in Ihrer Kindheit behandelt? Wie behandeln Sie die Wünsche Ihrer Kinder? Erleben Sie einen Wunsch schnell als Anordnung? Neigen Sie beim Wünschen dazu, einen heimlichen Handel anzubieten? Denken Sie, dass Ihre Wünsche meist nicht erfüllt werden? Denkt Ihr Partner das? Können Sie Ihre Wünsche auch nonverbal ausdrücken? Freuen Sie sich auf die Wunscherfüllung? Sprechen Sie auch unerfüllbare Wünsche aus?

Durch diese Übung machen Sie sich bewusst, wie Sie Ihre Wünsche Ihrem Partner gegenüber äußern und wie Sie mit Wünschen Ihres Partners umgehen. Wiederholen Sie die Übung und lassen Sie Ihre Wünsche größer werden. Trauen Sie sich an beziehungsrelevante Themen (Sex, Nähe, Verständnis).

Tanz der Hände

Das Schöne an dieser Übung ist: Sie sehen nichts, und Sie sollen am Anfang nicht sprechen. Sie dürfen sich auf Ihre anderen Sinne verlassen. Lassen Sie sich für die einzelnen Abschnitte ausreichend Zeit. Sie können während der Übung ins Schwitzen geraten. Spielen Sie.

Die Übung:

- Sie brauchen etwa drei mal drei Meter Platz und 20 Minuten ungestörte Zeit.
- Stellen Sie sich in die Mitte dieser Fläche, etwa in einem Meter Abstand einander gegenüber.
- Heben Sie beide die Hände etwa auf Brusthöhe.
- Lauschen Sie ein wenig in Ihre eigenen Hände. Sind sie kalt oder warm? Feucht oder trocken? Hart oder weich? Wie spüren Sie Ihre Fingernägel?
- Legen Sie Ihre Handflächen gegen die Handflächen Ihres Partners.
- Schließen Sie Ihre Augen.
- Was erleben Sie im Moment der Berührung?
- Nehmen Sie langsam innerlich Kontakt mit den Händen Ihres Partners auf.
- Sind seine Hände warm oder kalt? Feucht oder trocken? Rau oder weich? Angespannt oder locker?
- Ist Ihnen die Berührung angenehm oder unangenehm? Woran merken Sie das?
- Lauschen Sie auf Ihre Atmung.

- Beginnen Sie beide, Ihre Hände langsam zu bewegen.
- Fangen Sie mit kleinen Bewegungen an. Entwickeln Sie eine gemeinsame Bewegung.
- Werden Sie „ausschweifender“ und erkunden Sie Ihren gemeinsamen Spielraum.
- Bewegen Sie Ihre Arme in alle Richtungen. Gehen Sie den einen oder anderen kleinen Schritt vor und zurück.
- Lassen Sie sich Zeit.
- Verlassen Sie jetzt Ihre kooperative Haltung.
- Versuchen Sie, jeder für sich, die Macht in diesem Spiel zu erlangen.
- Werden Sie kräftiger in Ihren Versuchen, Ihren Partner zu führen. Sagen Sie Sätze wie: „Ich zeige dir, wo es langgeht!“
- Kämpfen Sie spielerisch miteinander.
- Meistens ist der Mann der Stärkere. Zeigen Sie dies Ihre Frau einmal – ohne sie zu kränken.
- Lassen Sie sich Zeit.
- Werden Sie jetzt beide ganz zurückhaltend. Versuchen Sie Ihren Partner dazu zu bringen, Ihnen den Weg zu zeigen. Benutzen Sie Ihre Stimme, um Ihren Partner zu verführen.
- Experimentieren Sie miteinander. Welche Bewegungen könnten Sie noch ausprobieren?
- Kehren Sie zu Ihrer gemeinsamen Bewegung zurück. Was hat sich verändert? Was ist gleich geblieben?

- Lassen Sie Ihren Partner los und lauschen Sie in sich hinein. Wie geht es Ihnen jetzt?
- Öffnen Sie die Augen und besprechen Sie, was Sie erlebt haben.

Wie ging es Ihnen damit, dass Ihnen die gewohnte schnelle und unbewusste Ebene des Augenkontakts ebenso verwehrt war wie die Sprache mit Ihren Möglichkeiten zur Verführung und zur Flucht in die Abstraktion?

Kränkung und Verzeihen

Der Prozess des Verzeihens bedarf einer großen Aufrichtigkeit und Offenheit. Viele Paare haben eine Anhäufung verschachtelter Kränkungen entwickelt. Es gibt immer wiederkehrende kränkende Verhaltensweisen, die sich manchmal über Jahre zu einem zähen Gestrüpp verflochten haben: die kleinen alltäglichen Unachtsamkeiten, der leise schwindende Respekt oder der resignierte Tonfall. Bei den größeren Ereignissen unterscheide ich zwischen teils schicksalhaften äußeren Einflüssen, die die Fähigkeit zur gemeinsamen Verarbeitung überfordert haben: z. B. der Verlust eines Kindes, schwere Erkrankungen oder miteinander unvereinbare Lebenspläne, wie Karriere vs. Kinder. Hier entstehen die Kränkungen überwiegend dadurch, dass die Partner sich beim Versuch der Problemlösung ein Stück verloren haben. Beide fühlen sich alleingelassen und hilflos. Die Auswirkung eines äußeren Ereignisses ist zu einem Problem zwischen den Partnern geworden. Die andere Kategorie der großen Ereignisse sind existenzielle persönliche Themen wie Fremdgehen und Verlassen sowie schwere Fälle von Bloßstellung und Erniedrigung. Die kränkenden Handlungen sind hier innerhalb der Beziehung, gegen den Partner verübt worden. Bevor Sie diese Kränkungen wirklich verzeihen können, müssen Sie Ihren persönlichen Beziehungsrahmen mit Ihrem Partner klären. Wie tief ist Ihre Liebe noch, wie ist Ihr Wunsch und Ihre Fähigkeit, einander respektvoll zu begegnen, welche Regeln haben Sie, und welche davon nehmen Sie ernst? Es hat wenig Sinn, einen Seitensprung zu verzeihen, wenn Sie nicht gleichzeitig verbindliche Spielregeln in Bezug auf Treue miteinander aushandeln.

Die Bereitschaft zu verzeihen entsteht in einem inneren Prozess. Innerhalb einer Liebesbeziehung brauchen Sie zusätzlich die Augenhöhe mit Ihrem Partner. Dieser kann nur glaubhaft um Verzeihung bitten, wenn er bereit ist, sich dem unangenehmen Gefühl der Reue wirklich zu stellen. Erst wenn er den von ihm verursachten Schmerz mitfühlt, seine Betroffenheit zeigt und Verantwortung für seine Handlungen übernimmt, kann der Gekränkte das schmerzhafte Häkchen, das sich in seiner Seele verfangen hat, wieder lösen. Die Verletzung kann nachlassen und Vergangenheit werden. Der Respekt und die Liebe des Partners können wieder zu ihm durchdringen.

Nicht immer kann ein Partner die Kränkung mitfühlen und sich verantwortungsvoll entschuldigen. Manchmal ist er zu sehr empört über selbst erlittene Kränkungen, und manchmal findet er, dass der Partner sich an dieser Stelle zu unrecht gekränkt fühlt. Eine große Hürde an dieser Stelle ist die Angst, sich durch Mitfühlen oder Verzeihen dem Partner zu unterwerfen. Sie kommen hier schnell an die Grenzen Ihres Selbstwertes. Gekränkte Seelen sind zerbrechliche und scheue Wesen. Sie werden einander mutig „ein bisschen nackt" gegenübertreten müssen, um gemeinsam den Schmerz und den Groll loslassen zu können.

Sind Sie beide – Ihr Partner und Sie – gleichzeitig „Opfer" und „Täter", so kann das Verzeihen eine verzwickte Angelegenheit werden. Sie brauchen hier besonders Ihre Fähigkeit, über Ihren eigenen Schatten zu springen und großzügig mit sich und Ihrem Partner zu sein.

Die Anleitung:

Sprechen Sie mit Ihrem Partner über die folgenden Punkte:

- Was genau ist die kränkende Handlung? Fremdgehen, Verlassen, Unverständnis, Abweisen, Vereinnahmen, Bloßstellen, Unzuverlässigkeit, Distanzlosigkeit?
- Warum genau kränkt Sie diese Handlung? Sie fühlen sich entwertet, nicht respektiert, kleingemacht, getäuscht, verraten, nicht ernst genommen ...

Achten Sie darauf, dass Sie die jeweilige Ansicht Ihres Partners wirklich verstanden haben. Fragen Sie nach.

Stellen und beantworten Sie sich gegenseitig folgende Fragen:

An den Kränker:

- Wolltest du mich mit dieser Handlung kränken?
- Ist dir bewusst geworden, dass du mich mit dieser Handlung gekränkt hast?
- Wenn dir bewusst wurde, dass du mich gekränkt hast, warum hast du es nicht angesprochen?
- Was wolltest du eigentlich erreichen?
- Hast du bekommen, was du wolltest?

An den Gekränkten:

- Wieso hast du die Kränkung von dir aus nicht angesprochen und sie so lange mit dir herumgetragen?
- Wieso hast du lieber zurückgeschlagen, als deine Verletzung zu zeigen?

Das Verzeihen:

- Sagen Sie zu Ihrem Partner einen Satz in der Art: „Liebe/r ..., diese Handlung hat mich sehr gekränkt." Sprechen Sie langsam und sehen Sie ihm dabei in die Augen.
- Lauschen Sie ein wenig nach dem Aussprechen. Ist Ihr Gefühl bei Ihrem Partner angekommen? Fragen Sie nach.
- Bevor Sie Ihrem Partner nun antworten, lauschen Sie in sich. Können Sie den Schmerz Ihres Partners spüren? Tut es Ihnen wirklich, wirklich leid?
- Antworten Sie aus diesem Gefühl heraus. Bleiben Sie ehrlich.
- Im besten Fall können Sie einen Satz in der Art sagen: „Liebe/r ..., das tut mir wirklich leid." Sprechen Sie langsam und achten Sie darauf, dass Sie Ihrem Partner dabei in die Augen schauen.
- Lauschen Sie in sich. Wie weit ist Ihre Entschuldigung bei Ihrem Partner angekommen? Fragen Sie nach.

- Als Gekränkter lauschen Sie in sich: Wie weit können Sie die Reue Ihres Partners spüren und glauben?
- Im besten Fall spüren Sie eine kleine Erlösung in Ihrem Körper. Sie werden leichter, Ihre Atmung geht tiefer, ein kleiner Seufzer löst sich. Sagen Sie einen Satz in der Art: „Ja, ich kann spüren, dass du es ernst meinst, ich kann dir verzeihen." Sprechen Sie langsam und achten Sie darauf, dass Sie Ihrem Partner dabei in die Augen schauen.
- Sollte die Zeit für diese erlösenden Sätze noch nicht reif sein, schauen Sie dennoch auf das gemeinsam Erreichte.

Bleiben Sie großzügig, auch wenn Sie nicht zueinander kommen. Versuchen Sie nichts zu erzwingen. Die Bereitschaft zur Reue und zum Verzeihen muss wachsen. Verabreden Sie einen weiteren Termin.

Eine Hilfe zur Vermeidung neuer Kränkungen ist die Suche nach neuen Umgangsformen zu heiklen Themen. Stellen Sie dazu die folgende Fragen:

- Wie kann ich dich zu diesem Thema ansprechen, ohne dich zu kränken?
- Wie kann ich meine Eigenständigkeit leben, ohne dass du dich zurückgewiesen fühlst?
- Wie kann ich meinen Wunsch nach Nähe äußern, ohne dass du dich eingeschränkt fühlst?
- Wie kann ich dich bremsen, wenn du beginnst, meine Grenzen zu überschreiten?

Experiment:

- Stellen Sie sich vor, Ihr Partner und Sie könnten einen Tag lang gegenseitig Ihre Gedanken lesen und wüssten somit wirklich, wirklich alles voneinander.
- Was würde das für Ihre Beziehungskrise bedeuten?

Sexualität oder wie hätten Sie's denn gerne?

Experiment:

- Können Sie Ihrem Partner so über den nackten Rücken streicheln, dass es Sie selbst im Bauch kitzelt?

„Nö, Sex klappt eigentlich immer sehr gut." Diese Aussage habe ich erst ein einziges Mal gehört. Die meisten Paare, die zu mir in die Therapie kommen, haben auch eine Irritation in ihrem Liebesleben. Gerade dort zeigen sich oft die ersten Symptome einer unglücklichen Entwicklung.

Es gibt viele und gute Bücher, die technisch ausführlich beschreiben, welche Drüsen und Hautfalten wie zu streicheln und zu küssen sind. Allerdings haben die meisten Paare, die zu mir kommen, weniger Probleme mit der Technik – sie haben Probleme mit dem sexuellen Aufeinander-Zugehen.

Viele Menschen halten einen Teil ihrer intimen Bedürfnisse wie hinter einem Vorhang verborgen – nicht nur aus Scheu vor dem Partner und seinen vermuteten Reaktionen, sondern auch aus der Scheu heraus, diese Bedürfnisse vor sich selbst anzuerkennen.

Angenommen, es ginge hier nicht um Ihr Sexualleben, sondern um Ihre Art, miteinander zu kochen und zu essen.

Wie wäre Ihre gemeinsame sexuelle Küche?

- Wie viele Gerichte stehen auf Ihrer Speisekarte?
- Wie viele hätten Sie gerne?
- Sind diese Gerichte interessant und schmackhaft zubereitet?
- Welche Gewürze verwenden Sie?
- Brauchen Sie eine Tischdecke und Kerzen?
- Wie sind Ihre Öffnungszeiten?
- Würden Sie gerne einmal in einer *anderen* Küche kochen? Mit Ihrem Partner zusammen oder lieber allein?
- Kochen Sie gelegentlich auch ganz allein?
- Was von all dem ginge mit Ihrem Partner?

Zurück zum Sex. Was brauchen Sie, damit Sie wieder Lust bekommen?

Mehr Zeit? Vier Wochen Urlaub und Ausschlafen? Weniger Streit? Finanzielle Sicherheit? Einen Seitensprung? Einen Tantra-Workshop? Einen Heiratsantrag? Vertrauen? Treue? Vier Wochen Sexpause? Mehr Aufmerksamkeit? Hoffnung, dass es besser wird? Mehr Liebe? Endlich ein eigenes Zimmer? Endlich ein gemeinsames Bett? Interesse an Ihren sexuellen Bedürfnissen? Mehr Vertrautheit mit sich selbst? Sich gewollt fühlen? Einen Babysitter?

Experiment:

- Erlauben Sie sich, schwärmerisch an intensiven Sex mit einem früheren Partner zu denken.

Für das sexuelle Aufeinander-Zugehen gibt es zahlreiche kleine und große Übungen. Als ein Beispiel stelle ich Ihnen eine Variante der Übung *Ideales Sexuelles Szenario* vor. Sie stammt von Ulrich CLEMENT, einem führenden deutschen Sexualtherapeuten.

- Ziehen Sie sich jeweils alleine mit Stift, Papier und einem Briefumschlag zurück.
- Stellen Sie sich jetzt vor, Ihr Partner hätte im Bett nichts zu sagen. Sie könnten Ihre sexuelle Begegnung ganz nach Ihren persönlichen Wünschen gestalten.
- Schreiben Sie Ihre Vorstellung genau auf. Wo? Wer? Zu welcher Tageszeit? Welche Kleidung? Aus welcher Situation heraus? Wie ist das Wetter? Welche innere Haltung nimmt Ihr Partner ein, welche Sie? Sind Sie dominant? Haben Sie verbundene Augen? Welche Hilfsmittel und Sexspielzeuge benutzen Sie? Wie lange geht es? Und wie oft? Wo werden Sie wie berührt? Welche Stellungen probieren Sie aus? Pornofilme, Analverkehr oder Blümchensex, oder alles davon? Kommen beide zum Orgasmus?
- Achten Sie darauf, an welcher Stelle Sie sich selbst zensieren. Fertigen Sie zwei Varianten an

– eine, die Sie veröffentlichen können, und eine, die geheim bleibt.

- Legen Sie Ihre fertigen Szenarien in die Briefumschläge, kleben Sie sie zu und lassen Sie sie zwei Wochen lang ruhen.

Ihr ideales Szenario ist eine Selbstoffenbarung. Es geht nicht um „hätte, könnte, wollte", sondern um das, was Sie wirklich, wirklich erleben möchten.

Veröffentlichung:

- Vereinbaren Sie einen Zeitpunkt und bringen Sie Ihre Szenarien mit.
- Sie können beide Szenarien offenlegen oder nur eins oder keines. Verhandeln Sie.
- Das Szenario, das Sie hören, ist eine Offenbarung Ihres Partners. Es braucht Ihnen nicht zu gefallen. Darf es aber.
- Bedanken Sie sich für das Vertrauen.

Das ideale sexuelle Szenario ist auch eine freimütige Wunschliste Ihres Partners; da Sie nun wissen, was er möchte, könnten Sie das eine oder andere mit ihm ausprobieren.

Auch wenn Sie es nicht offenlegen, wird es eine Wirkung erzielen. Allein dadurch, dass Sie selbst etwas besser wissen, was Sie möchten, wird sich im sexuellen Umgang mit Ihrem Partner etwas verändern. Vielleicht beginnen Sie, kleine, einfache Details zu verändern, oder werden etwas selbstbewusster? Vielleicht sind Sie auch ein wenig verunsichert im Bett, weil Sie neugierig auf die Wünsche Ihres Partners sind?

Sie werden es herausfinden.

Experiment:

- Verändert sich etwas in Ihrem Körpergefühl, wenn Sie jetzt lächeln?

Einer will – der andere nicht

Bei vielen Paaren wäre der Sex gar nicht so schlecht, wenn er denn stattfände. Beide Partner können artikulieren, was ihnen gefällt, und haben in ihren Vorbeziehungen und mit dem jetzigen Partner schon einiges ausprobiert. In den ersten Jahren ihrer Beziehung hatten sie viel und auch leidenschaftlich Sex miteinander. Im Laufe der Zeit wurde das gegenseitige Begehren immer schwächer, und die sexuelle Begegnung findet kaum noch statt. Selten sind *beide* Partner mit dieser niedrigen Frequenz zufrieden. Bei achtzig Prozent der Paare, die in meine Praxis kommen, ist es der Mann, der zunehmend unzufrieden wird. Er findet seine Frau nach wie vor sexuell attraktiv und begehrt sie, weiß aber nach vielen Zurückweisungen nicht mehr, wie er noch auf sie zugehen soll. Sein eigenes Bekenntnis zur Treue versperrt ihm den Weg zu anderen Frauen. Seine Partnerin fühlt sich unter Druck, begehren zu müssen, und reagiert darauf mit mehr oder weniger schroffer Zurückweisung, steckt den Kopf in den Sand oder gewährt ihm sporadischen Gefälligkeitssex.

Oft sind dies Paare mit kleinen Kindern und gleichzeitiger beruflicher Herausforderung. Beide wissen intuitiv, dass es eine Illusion ist, Paare könnten über die Jahre hinweg ständig abrufbaren guten Sex miteinander haben. Dennoch entzündet sich an diesem Trieb-Thema immer wieder heftiger Streit: *Immer*- und *Nie*-Positionen werden eingenommen, der sexuell frustrierte Partner versucht sich zu rächen, indem er sich dem anderen körperlich ganz entzieht oder mit einem Seitensprung droht.

Wie gehen Sie mit Ihrem unterschiedlichen sexuellen Appetit um? Besprechen Sie dazu die folgenden Punkte:

- Haben Sie sexuelle Treue verabredet? Wenn nicht, wie genau sind Ihre gemeinsamen Regeln?
- Welche Konsequenzen sind Sie bereit dafür zu tragen?
- Können Sie Mitgefühl für die Sorgen und Nöte Ihres Partners zum Thema Sex entwickeln, ohne sich unter Druck gesetzt oder abgelehnt zu fühlen?
- Wie stellen Sie sich die weitere Entwicklung Ihres gemeinsamen Sexuallebens vor?
- Welche Ihrer Handlungen und Haltungen erschweren oder verhindern die sexuelle Begegnung, welche fördern und ermöglichen sie?
- Welche innere Haltung Ihres Partners würde Ihnen helfen, mit den Folgen Ihres unterschiedlichen sexuellen Appetits besser umzugehen?

Experiment:

- Was können Sie jetzt *gemeinsam* tun, damit es Ihnen beiden ein wenig angenehmer wird?

Rückblick – Ausblick

Sie sind im Verlauf Ihrer Beschäftigung mit diesem Buch durch Ihre Innenwelt gereist.

Sie sind Gefühlen, Wünschen, Ängsten, Sehnsüchten, Handlungsmustern und Glaubenssätzen begegnet. Sie verstehen jetzt besser, wie diese Elemente strukturiert sind und wie sie zusammenpassen – oder eben nicht. Ich wünsche Ihnen, dass die Prinzipien des Gewahrseins und der Eigenverantwortung einen festen Platz in Ihrer Liebesbeziehung gefunden haben. Ich hoffe, dass es Ihnen mit Hilfe dieses Buches gelungen ist, einen stimmigeren Abstand zu Ihrem „inneren Flüstern" zu finden – und Sie zerstörerische Muster durch ernst gemeinte Kontaktangebote ersetzen konnten. Besonders am Herzen lag mir Ihr Zugang zu Ihrer eigenen Wesensnähe und Ihrer sich damit erweiternden Fähigkeit zu tiefer und authentischer Begegnung.

Mein Ziel war es, Sie mit Ihrer Innenwelt vertraut zu machen und Sie dabei liebevoll mit Ihren Beziehungsmustern zu konfrontieren. Ich hoffe, dies ist mir gelungen, und Sie haben sich in meinen Worten auch dort aufgehoben gefühlt, wo wir unterschiedlicher Ansicht sind.

Vielleicht hat Ihnen dieses Buch geholfen, die Ursachen für Ihre Beziehungskrise besser zu verstehen. Vielleicht sind Sie beide ein Stück vorangekommen und beginnen zu ahnen, was Sie gemeinsam erreichen können. Vielleicht ist Ihnen auch bewusst geworden, dass Ihnen die Hilfe durch ein Buch alleine nicht ausreicht. Möglicherweise nehmen Sie auf Ihrem weiteren Weg professionelle Begleitung in Anspruch:

durch eine Paar- oder Einzeltherapie, einen Kommunikationskurs oder einen Paar-Workshop.

Bleiben Sie hungrig! Öffnen Sie Ihr Herz, lassen Sie einen neuen Blick auf sich und Ihren Partner entstehen. Das Ende des Alten kann der Beginn einer neuen, tieferen und lustvollen Liebe sein.

Herzlichst,

Ihr Fabian Lenné

Literaturverzeichnis

Dies ist eine kleine kommentierte Liste weiterführender und ergänzender Bücher:

Watzlawick, P. (2009). *Anleitung zum Unglücklichsein.* Ein lustvoller Klassiker der missglücken Kommunikation. Verlag: Pieper

Angleberger, T. (2012). *Yoda ich bin! Alles ich weiß!* Muss ich selbst noch lesen, wurde mir von einem Paar wärmstens empfohlen. Verlag: Bastei- Lübbe

Weiss, H., Harrer, M., Dietz, T. (2010). *Das Buch der Achtsamkeit.* Eine fundierte Abhandlung mit Längen. Stuttgart: Klett- Cotta

Thich Nhat Hanh. (2009). *Das Wunder der Achtsamkeit.* Eines der ersten Bücher zu diesem Thema, die ins Deutsche übersetzt wurden. Theseus Verlag.

Jellouschek, H. (2007). *Warum hast du mir das angetan?* Der Autor beleuchtet die Bedeutung des Fremdgehens in langjährigen Beziehungen. Ein Buch mit Tiefgang – dem ich allerdings auf Grund einiger Generalisierungen nicht immer folgen mag. München: Pieper Verlag

Dechmann, B., Ryffel, C. (2007). *Vom Ende zum Anfang der Liebe.* Ein liebevolles auch für den Laien lesbares Fachbuch aus feministischer Sicht. Verlag: Beltz

Schnarch, D. (2009). *Die Psychologie sexueller Leidenschaft.* Der Autor wird aktuell sehr gepriesen. Ich finde es lesenswert – manchmal etwas zu technisch-amerikanisch. Verlag: Pieper

Revenstorf, D. (2008). *Die geheimen Mechanismen der Liebe: Sieben Regeln für eine glückliche Beziehung.* Ein hypnotherapeutischer Ratgeber mit guten Übungen. Verlag: Klett – Cotta

Clement, U. (2011). *Systemische Sexualtherapie.* Ein sehr gutes Fachbuch zur Sexualität. Verlag: Klett – Cotta

Clement, U. (2008). *Guter Sex trotz Liebe: Wege aus der verkehrsberuhigten Zone.* Ein Buch mit vielen Guten Gedanken über den Umgang mit der Sexualität in langjährigen Beziehungen. Verlag: Ullstein

Clement, U. (2010). *Wenn Liebe fremdgeht: Vom richtigen Umgang mit Affären.* Gute Anregungen, für mich aber etwas zu gefühllos geschrieben für dieses sensible Thema. Verlag: Ullstein

Pease, A & B. (2000). Warum Männer nicht zuhören und Frauen schlecht einparken: Ganz natürliche Erklärungen für eigentlich unerklärliche Schwächen. Ein lustiger Klassiker zum Thema Unterschiede zwischen Männern und Frauen. Verlag: Ullstein

Weber, R. (2008). *Paare in Therapie - Erlebnisintensive Methoden und Übungen.* Ein gutes Buch für Therapeuten mit vielen Übungen. Verlag: Klett - Cotta

Röhr H.- P. (2008). *Wege aus der Abhängigkeit: Destruktive Beziehungen überwinden.* Eine hilfreiches Buch für Menschen, die sich immer wieder in zu starke Abhängigkeiten begeben. Verlag: dtv

Chopich, E., Paul, M. (2009). *Aussöhnung mit dem inneren Kind.* Viel Hintergrund und gute Übungen zur Selbstannahme. Verlag: Ullstein

Schulz von Thun, F. (2010) *Miteinander reden Teil 1 – 3*;. Der eine deutsche Klassiker zum Thema Kommunikation. Verlag: rororo

Watzlawick, P. (2008). *Menschliche Kommunikation.* Der andere deutsche Klassiker zum Thema Kommunikation. Verlag: Huber, Bern

Moeller, M. (2010). *Die Wahrheit beginnt zu zweit.* Einführung in das Zwiegespräch. Verlag: rororo

Moeller, M. (1998). *Worte der Liebe.* Einführung in das erotische Zwiegespräch. Verlag: rororo

Wirsching, M., Scheib, P. (2002). *Paar- und Familientherapie.* Übersichtswerk für Therapeuten. Verlag: Springer, Berlin

Huber, C. (2011). *Nichts an Dir ist verkehrt.* Ein angenehm leichtes buddhistisches Buch zum Glücklich-Werden. Verlag: Herder

Miller, A. (1990). *Am Anfang war Erziehung.* Ein Klassiker, um uns und unsere Eltern besser zu verstehen. Verlag: Suhrkamp

Gruen, A. (2002). *Der Fremde in uns.* Ein weiterer Klassiker, um uns und unsere Eltern besser zu verstehen. Verlag: dtv

Cöllen, M. (2009). *Das Verzeihen in der Liebe.* Ein tiefgründiges Buch über das Verzeihen – leider mit einigen Längen. Verlag: Kreuz

Spangler, G., Zimmermann, P. (2011). *Die Bindungstheorie.* Sehr gutes Fachbuch über die Bindungstheorie. Verlag: Klett – Cotta

Renz-Polster, H. (2009). *Kinder verstehen – born to be wild.* Wunderbares leichtes Buch die Entwicklung unserer Kinder und den Umgang damit – wirklich eine Empfehlung für junge Familien. Verlag: Kösel

2035750R00107

Printed in Germany
by Amazon Distribution
GmbH, Leipzig

Fabian Lenné

Vom Umgang mit der Liebe

Dieses Buch ist ein Entwicklungs-Buch für Paare in der Krise

Schleichende Entfremdung, schwindende Lust und nervenaufreibender Streit – wo ist die Leichtigkeit, die Aufregung der Anfangszeit geblieben?

Dieses Buch hilft Ihnen, Ihren Weg zu tiefer und herzlicher Begegnung zu finden. Es zeigt Zusammenhänge auf und führt Sie anhand vielfältiger Fragen durch die verschiedenen Bereiche Ihrer Liebesbeziehung.

Öffnen Sie Ihr Herz, lassen Sie einen neuen Blick auf sich und Ihren Partner entstehen. Das Ende des Alten kann der Beginn einer neuen, tieferen und lustvollen Liebe sein.

Der Autor

Fabian Lenné, 1960 in Kassel geboren, ist verheiratet und hat zwei erwachsene Söhne. Er ist Heilpraktiker für Psychotherapie und ausgebildet in verschiedenen Körperpsychotherapie- und Paartherapiemethoden. Er arbeitet seit 1997 in freier Praxis in Berlin mit Paaren, Gruppen und Einzelklienten.

Umschlaggestaltung: Kai Scheffersky

Druck: print on demand by amazon